2022 | 黑龙江省社会科学
学术著作出版资助项目

生态伦理的现代管理价值研究

毕 然 著

哈尔滨工业大学出版社
HARBIN INSTITUTE OF TECHNOLOGY PRESS

内容简介

现代管理的理论与实践以马克思生态思想为指引，传承并发扬中国传统的生态伦理思想，将生态伦理的公正、平等、有序、绿色、和谐等价值理念合理地嵌入生态治理框架中，以生态思维范式重新审视人与自然的和谐共生模式，在公共决策、协调、合作、监督等管理职能中统筹运用生态自然观、生态道德观、可持续发展观，维护人类的整体和长远利益。本书基于管理价值视域展开人与自然的关系解读，在现代管理思想史的梳理中透视生态伦理理念的演进变化、逻辑关联及其现实需求所呈示的价值偏好，通过揭示生态伦理的理论困境，形成具有实践影响的价值规约和导向，为现代管理的价值选择提供生态整体主义的公正、平等、自由、和谐的伦理发展路向设计路径，旨在进一步推动我国新时代管理理论的生态化发展进程。

希望本书的出版能够给致力于生态伦理和管理哲学研究的学者提供借鉴及批评的蓝本，为从事管理哲学研究的师生提供理论依据。

图书在版编目（CIP）数据

生态伦理的现代管理价值研究/毕然著. —哈尔滨：哈尔滨工业大学出版社，2024.2
ISBN 978-7-5767-0671-0

Ⅰ.①生… Ⅱ.①毕… Ⅲ.①生态伦理学-管理学-研究 Ⅳ.①B82-058

中国国家版本馆 CIP 数据核字（2023）第 032541 号

生态伦理的现代管理价值研究
SHENGTAI LUNLI DE XIANDAI GUANLI JIAZHI YANJIU

策划编辑	刘　瑶
责任编辑	刘　瑶
封面设计	刘长友
出版发行	哈尔滨工业大学出版社
社　　址	哈尔滨市南岗区复华四道街 10 号　邮编 150006
传　　真	0451-86414749
网　　址	http://hitpress.hit.edu.cn
印　　刷	黑龙江艺德印刷有限责任公司
开　　本	787 毫米×1 092 毫米　1/16　印张 11　字数 203 千字
版　　次	2024 年 2 月第 1 版　2024 年 2 月第 1 次印刷
书　　号	ISBN 978-7-5767-0671-0
定　　价	78.00 元

（如因印装质量问题影响阅读，我社负责调换）

前　言

近代以来的工业文明形态为经济全球化浪潮和技术创新性革命提供了空前动力,也对生态危机治理提出了严峻挑战。这意味着,人与自然关系内蕴的张力不断强化了生态环境治理意识提升、治理内容丰富、治理体系完善和治理技术能力进步,而且其中的伦理反思或批判担负着这种强化的内在理想尺度的功能。于是,生态伦理的思维逻辑和行动规程就在新的时代变革发展中具备了社会价值寻索的本体论意蕴,而现代管理所应呈现的生态伦理价值自是其题中之意。

众所周知,工业文明以来的西方生态伦理始终存在人类中心主义与非人类中心主义的立场纷争,如何化解人与自然二元对立思维定式下的全球生态危机,自然生态的尊重并保护、开发和利用显然是决定人类生存发展的限度与进度的本质性议题。现代管理的理论与实践理应坚守辩证唯物主义基本立场对其进行批判性校正,并以马克思生态思想为指引,传承并发扬中国传统的生态伦理思想,将生态伦理的公正、平等、有序、绿色、和谐等价值理念合理地嵌入现代管理多元主体合作共赢的整体主义治理框架中。这喻示着,现代社会发展不仅要促成人们生态认知的格式塔转换,以共生同在、互惠并联、深层融合的生态思维范式重新检视人与自然之间所应建构的和谐共生模式;同时,应契合生态理性内核来赋予现代社会法治建设的生态伦理关切,使其在公共决策、协调、合作、监督等管理职能中统筹运用生态自然观、生态道德观、可持续发展观和技术引领观,以生态正义的价值追求维护人类的整体和长远利益,妥善处理人与自然的和谐关系。

本书基于管理价值视域下对生态伦理理论的审视来解读人与自然关系实质,通过对现代管理思想史的简要回顾,透视生态伦理理念的演进变化、逻辑关联及其现实需求所呈示的价值偏好,力图揭示生态伦理的理论困境并形成具有实践影响的价值规约和导向,为现代管理的价值选择提供生态整体主义的公正、平等、自由、和谐的伦理发展路向的设计依据。

本书是基于本人博士论文修改而成,回想起凌晨赶路求学的辛苦,论文撰写过程所经历的无数个不眠之夜,旧影依稀近在昨日,内心甘苦自知,但宝贵的学习经历促进了我的人生跃迁和自我实现;学院的各位老师对我谆谆教诲和悉心培育的恩情令我至今无法忘怀。

  感谢我所在工作单位——黑龙江八一农垦大学领导、同事给予的各方面帮助和支持以及相关部门、单位提供的课题和出版资助。本书为黑龙江省社会科学学术著作出版资助项目"生态伦理的现代管理价值研究"（项目编号：2022002-C）、黑龙江八一农垦大学（引进人才）科研启动基金项目"马克思主义生态正义观的现代管理价值"（项目编号：XYB202114）、黑龙江八一农垦大学"三纵"青创人才（社科）项目"农业伦理视域下黑龙江生态农业发展策略研究"（项目编号：RRCQC202102）项目资助。本书的出版还获得了黑龙江八一农垦大学人文社会科学学院支持与资助，田恩铭院长对本书的出版更是关怀备至。

  限于作者水平，书中难免存在疏漏，恳请专家、读者提出宝贵意见。

作　者

2023 年 9 月

目 录

第一章 绪论 ... 1
一、本书的研究目的和意义 ... 1
（一）研究目的 ... 1
（二）研究意义 ... 1
二、国内外研究现状 ... 3
（一）国外相关研究 ... 3
（二）国内相关研究 ... 10
（三）国内外研究现状的简要评价 ... 15
三、基本思路与主要创新 ... 16
四、研究方法 ... 19

第二章 现代管理的生态伦理本质 ... 21
一、生态伦理的阐释 ... 21
二、现代管理的生态伦理内涵及特征 ... 27
三、多学科视角的生态伦理属性 ... 31
（一）政治学视角：基于政治权力的生态伦理属性 ... 31
（二）经济学视角：共生和绿色的可持续性经济管理 ... 34
（三）社会学视角：社会结构的生态化转型 ... 35
四、现代管理的生态伦理基本规定 ... 37
（一）生态伦理的价值理念 ... 38
（二）生态伦理的基本原则 ... 39
（三）生态伦理的理论基础 ... 41
（四）生态伦理的维护机制 ... 44
本章小结 ... 46

第三章 现代管理视域下的生态伦理历史演进 ... 47
一、古典管理理论的价值定位——效率至上 ... 47
（一）古典管理理论的"经济人"人性假设基础 ... 48

（二）科学管理的管理模式：控制自然的祛魅化设计 …………… 49
　　（三）理性逻辑的科学化功利价值取向 …………………………… 50
　　（四）"经济人"人性假设的反生态伦理省思 ……………………… 52
二、行为科学管理的价值转换——情感依托 ……………………………… 54
　　（一）行为科学管理的"社会人"人性假设基础 …………………… 54
　　（二）行为科学理论模式：人际关系的社会化凸显 ……………… 55
　　（三）情感激励的生态化行政伦理扩展 …………………………… 57
　　（四）行为科学理论的生态伦理缺失 ……………………………… 59
三、系统权变管理的价值探索——因境制宜 ……………………………… 61
　　（一）系统权变管理的"复杂人"人性假设基础 …………………… 61
　　（二）系统权变管理的管理模式：人境关系的动态化调适 ……… 62
　　（三）动态持衡的多元化政府伦理关系 …………………………… 63
　　（四）系统权变时期的方法论评价 ………………………………… 66
四、知识与文化管理的价值创造——互生共存 …………………………… 67
　　（一）知识与文化管理的"文化人"人性假设基础 ………………… 67
　　（二）知识与文化管理模式：人智关系的持续化建设 …………… 69
　　（三）生态和谐的人本化行政文化结构 …………………………… 70
　　（四）知识经济时代"文化人"的内在限度 ………………………… 72
本章小结 ………………………………………………………………………… 73

第四章　现代管理的生态伦理价值向度 ……………………………………… 74
一、现代社会管理的生态意识理念 ………………………………………… 74
　　（一）生态健康意识——推动社会协调发展 ……………………… 75
　　（二）生态优先意识——保证社会持续发展 ……………………… 76
　　（三）生态环境意识——引领社会绿色发展 ……………………… 77
二、生态公正：政府生态伦理管理的核心价值 …………………………… 78
　　（一）生态公正是政府生态伦理管理制度的首要价值 …………… 79
　　（二）生态公正是政府有效实现社会公正的伦理保证 …………… 80
三、生态自由：公共管理秩序建构的目标价值 …………………………… 82
　　（一）生态自由是政府建构生态秩序和社会秩序的使命 ………… 83
　　（二）生态自由的公共管理对于个体自由和社会秩序的平衡 …… 85
四、生态平等：道德主体利益协调的价值根基 …………………………… 88

（一）生态平等建立起兼顾自我与他者的管理伦理观 ……………… 88
　　（二）生态平等确立了利己和利他相统一的共生管理实践观 …… 89
　　（三）生态平等形成了从协同发展到互利共赢的管理协调观 …… 90
　五、生态和谐：和谐社会伦理调和的价值趋向 ………………………… 91
　　（一）匡正自然价值的理解偏失：重构价值理性 ………………… 92
　　（二）整合智力资本的生态价值：凸显人文精神 ………………… 93
　　（三）提升道德的生态人格品质：实现生态自我 ………………… 95
　本章小结 …………………………………………………………………… 96

第五章　现代管理的生态伦理价值实现困境与出路 ……………… 98
　一、现代管理的主体性困境：主体价值的公平失允 …………………… 99
　　（一）主体性缺失成因 ……………………………………………… 99
　　（二）主体性困境的表现 …………………………………………… 101
　二、现代管理的目标困境：可持续发展的实践受阻 …………………… 102
　　（一）以 GDP 为纲的价值偏失 …………………………………… 103
　　（二）管理目标的困境表现 ………………………………………… 104
　三、现代管理的秩序困境：生态安全秩序失衡 ………………………… 105
　　（一）生态安全秩序的成因 ………………………………………… 105
　　（二）生态安全问题的表现 ………………………………………… 106
　四、现代管理的文化困境：中西生态伦理的融突 ……………………… 107
　　（一）生态文化困境的成因 ………………………………………… 108
　　（二）生态文化融突与融合的表现 ………………………………… 109
　五、公共社会治理实现生态伦理的出路 ………………………………… 111
　　（一）构建生态伦理观念以践行协调共生的价值理念 …………… 111
　　（二）实施生态伦理战略以推动生态化的社会经济发展 ………… 114
　　（三）加强生态法治建设以维护生态安全的稳定秩序 …………… 117
　　（四）创新生态文化理念以促进生态文明的理论建设 …………… 121
　本章小结 …………………………………………………………………… 126

第六章　中国现代管理的生态伦理价值建构之维 ………………… 127
　一、中国生态文明建设中的生态伦理价值阐释 ………………………… 127
　　（一）基于命运共同体的生态伦理价值构建 ……………………… 128
　　（二）生态善治对美丽中国愿景的实现 …………………………… 130

二、中国生态伦理的现代管理决策模式 …………………………… 134
　　　　（一）生态管理及其决策理念建构 ………………………………… 135
　　　　（二）生态伦理的现代管理决策运行模式 ………………………… 140
　　三、生态伦理视域下生命安全健康的价值阐释 …………………… 143
　　　　（一）生命安全健康的理性制衡内蕴 ……………………………… 144
　　　　（二）中国人民生命安全健康的生态行政价值观建构 …………… 145
　　　　（三）中国政府保障人民生命安全和身体健康的实现路径 ……… 148
　本章小结 ……………………………………………………………… 151
第七章　结语 …………………………………………………………… 153
参考文献 ………………………………………………………………… 155
　一、外文译著 ………………………………………………………… 155
　二、中文著作 ………………………………………………………… 157
　三、外文参考文献 …………………………………………………… 160
　四、主要论文 ………………………………………………………… 161
　五、报刊类 …………………………………………………………… 163
　六、电子文献类 ……………………………………………………… 163

第一章 绪 论

一、本书的研究目的和意义

(一)研究目的

本书主要阐释现代管理中的生态伦理价值问题。生态问题由来已久,作为学术论题受到理论界和实务界的广泛关注则是20世纪以后的事,而生态伦理(学)研究则到20世纪70年代才开始形成规模性影响力。尽管生态伦理的价值研究在政治学、经济学、社会学和环境科学等学科领域受到重视——其中自然也离不开这些领域管理的相关讨论,但是管理哲学关于生态伦理的价值问题探索仍显得相对单薄,这为本书论题的理性选择提供了相应的学术依据。

本书主要通过解释生态伦理研究的管理学意蕴来探讨管理本应具备的生态伦理价值与意义,即尝试从整体生态观维度解析管理的本质特征以及组织、人与生态环境之间关系的合法性和合理性价值诉求。它关涉了管理工具、管理行为、管理职能、管理目的等生态镜像中的公平正义、秩序效能、和谐发展等正当性与可行性考量,进而在反思管理的生态伦理价值缺失和困境中解决其生态危机问题,以便为我国现代管理的科学发展寻求现实路径。本书通过探讨不同管理时期生态伦理在现代管理中的作用和表现,揭示生态伦理在管理中的内在规定性,以及在管理中发挥作用的内在机理与运行逻辑,旨在确证生态伦理在管理中的合法性地位和人与自然关系的价值导向;通过反观缺少价值维度的生态伦理在现代管理中遇到的困境,透察人与自然、人与社会以及人与自身之间关系的道德思考,归纳得出生态危机的本质是人性的危机这一结论;继而从价值追求、伦理规范和理念形态等角度出发,在社会生活的主要领域来切实谋求生态伦理价值在现代管理中的发展道路。

(二)研究意义

党的十八大报告明确将"生态文明"纳入中国特色社会主义事业"五位一体"总体布局之中,并将生态文明建设融入社会基本层面的各方面和全过程。党的十九大报告提出坚持人与自然和谐共生,并首次将美丽中国作为建设社会主义现代化强国的重要目标。党的二十大报告着眼于全面建设社会主义现代化国家,在推进生态文明的战略任务中明确指出要提升生态系统多样性、稳定性、持续性。因此,为实现中华民族的永续发展,生态伦理的管理层面价值研究对于理论建构与实践发展都具有重要的意义。

1. 理论意义

首先,本书所阐释的生态伦理,能够使人们更深刻地理解和体会生态哲学思想所蕴含的生态自然观与生态道德观,有助于拓宽生态伦理本身的研究和应用范围,进一步丰富和发展完善生态伦理思想、生态哲学等维度的理论内容。在西方生态伦理思想的引介中,人类中心主义和非人类中心主义的激战一度成为引人注目的焦点,然而这两种生态伦理理论都割裂了人与自然之间的统一关系,而将两者置于相互对立的局面。本书借鉴和吸收了两种理论中的合理性观点,立足于整体主义的方法论和价值观,尝试性地构建一种基于人类命运共同体的生态伦理观,期求不断地完善人与自然和谐共生的生态伦理理论。

其次,拓展创新生态伦理,有利于反思现代管理的生态价值缺失和困境,使现代管理在生态哲学的引领下具有生态伦理的价值意蕴和理论内涵,依据整体性和协调性的生态思维,为人类社会持续健康发展提供理论支撑。在管理学领域中系统和深入地推进生态伦理研究,能够帮助人们提高保持生态平衡和保护环境的生态认知,提高国家治理对生态环境保护的重视程度,有助于贯彻并落实可持续发展价值理念,使经济社会发展摆脱眼前利益、局部利益的局限,从长远的、整体的、可持续发展的视角来处理生态环境问题,为推动生态文明建设筑牢生态文化根基,助力社会主义生态文明建设理论的完善与创新。

2. 实践意义

首先,本书对现代管理的生态伦理思想研究,有利于转变传统伦理的思维方式。传统人类中心主义伦理观从历史发展的视角来看,是在西方工业文明的资本霸权逻辑的支配下,追求资本利益的最大化。受极端人类中心主义的驱动,西方发达国家以牺牲生态环境为代价,完全将人的生命安全和生存环境置之度外,大肆掠夺自然资源、蹂躏生态环境,使人被功利主义的物质利益熏染,导致精神信仰的缺失。现代管理中的生态伦理思维方式强调以"最优化思维"替代"最大化思维",由机械的功利性思维向整体的互利性思维转变,为解决全球化生态问题突出了生态道德的伦理价值。

其次,本书对现代管理的生态伦理思想研究,有利于提高人们的生态意识。生态伦理强调保护自然环境和生态平衡,这是生态环境和自然资源对入驻地球的人类求生存与发展的前提条件,因此,人类社会的发展需要崇尚生态道德的伦理变革,以适应新时代的发展要求,引导人们树立科学的资源观、生态消费观、绿色发展观。本书以生态意识为生态伦理价值观念的先导,从社会的可持续发展、绿色发展、生态与环境协调发展出发,提出生态健康意识、生态优先意识、生态环境意识,使人们更加自觉地意识到人类健康是促进社会健康持续发展的保障,必须坚决遏制"先污染后治理"的工业化发展道路,充分体会到改善生态环境就是创造和发展生产力,着眼于社会发展的整体利益和长远利益,担负起人类的生态责任,促进人与自然关系的协调发展。

最后,本书对现代管理的生态伦理思想研究,有利于保障人类社会的健康利益。工业文明的市场经济发展,在一定程度上是以牺牲人的安全和健康利益为代价而换取的,致使本应作为社会发展基础保障的健康福利,出现了差异悬殊的极度不公平、不和谐现象。关注生态伦理视角下公共卫生领域的社会健康问题,正是对人们渴望提高生活质量这一诉求的现实回应,通过伦理责任的凸显、公民权利的保障、社会正义的伸张,均衡协调社会发展中不同地区、不同群体之间的道德关系与利益关系。在推进国家公共卫生治理体系与治理能力现代化过程中,突出提高人的生活质量的根本性目标的实现,对于重构适合我国新时代发展背景下生态伦理的价值导向具有重要的意义,坚定了推进美丽中国建设的意志和决心,能够促进人与自然的和谐共生,从而实现中华民族的永续发展。

二、国内外研究现状

国内外关于生态伦理问题的研究成果颇丰,但是有关生态伦理管理价值的研究成果却为数不多。目前的生态伦理理论成果中,大多从生态哲学、环境伦理、可持续发展、生态伦理、经济伦理、政治伦理等方面,围绕着生态正义、社会公平、可持续发展等对该研究论题进行拓展和深化。然而,在管理学领域中,以哲学思辨的方式探究生态伦理的研究成果尚待突破,由此本书从现代管理视角甚至管理哲学视域出发,探究生态伦理在理论和实践中的管理价值。

(一)国外相关研究

国外关于环境问题的哲学通常被称为环境伦理学,甚至美国知名环境哲学家哈格洛夫(Eugene Hargrove)认为"它包含了哲学领域中的大多数传统学科的内容,特别是美学、形而上学、认识论、科学哲学以及社会与政治哲学的内容"①。作者认为,相较于环境伦理,生态伦理更多诉诸生态学,其内涵更为丰富,喻义也更加明确,既具有生态哲学中的整体主义、自然主义哲学蕴义,又富有生态道德在人际伦理中的现实期待。

1. 经济伦理中的生态伦理哲思

20世纪后半叶,西方经济界总体上缺少伦理价值的逻辑,遵循达尔文优胜劣汰的生存竞争法则,直至20世纪60~70年代引发的经济危机才掀起波及全球的经济伦理运动。1972年,罗马俱乐部在研究报告《增长的极限》中提出环境资源有限论,指出地球资源更新、污染承受能力等有限性必然会限制经济的无限增长,并预测人类地球的经济增长如果按照现有的增长趋势继续下去,就会在今后一百年内某一时刻达到极限②。美国经济学家D.米都斯(Dennis Meadows)等人以经济增长濒临自然生态极限的理论,迫使人们对无限膨胀的欲望进行反思,深化了经济可持续发展思想。经济伦理学代表理查德·T.德·乔治(Richard T. De George)在经济道德分析中注重环境保护和自然资源的所有权与分配,指出:"世界各国都已开始认识到自然界所能提供的资源量并非无限,在全球工业化进程中,人们已经付出了巨大代价。"③经济伦理向生态环境领域的扩展,突出经济的可持续发展对采取合乎生态道德方式的考量,强调人们要担负起保护环境、治理污染的责任。德国著名经济伦理学家霍尔斯特·施泰因曼(Horst Steinmamm)和阿尔伯特·勒尔(Albert Löhr)在其合著的《企业伦理学基础》中坚信:"一种以生态定向的企业管理是确保自身长期生存意义上的理性的要求。为了经济而过度利用或毁坏自然资源,长此以往将毫无经济成就可言。"④

伴随生态伦理思潮在世界范围影响的不断扩展,生态伦理与经济伦理的深度融合使两者呈现出合流化的发展趋势。美国经济学家肯尼斯·鲍尔丁(Kenncth Boulding)提出"生态经济协调理论",认为人类只有积极促进生态系统与经济系统的协调发展,才能实现人类经济社会的可持续发展。生态经济学家康世坦(Robert Costanza)将经济系统视为生态系统的一部分,认为经济系统的存在和发展必须在生态系统的基础上与其保持协调。生态经济协调发展理论的代表人物及著作包

---

① 尤金·哈格洛夫.环境伦理学基础[M].杨通进,等译.重庆:重庆出版社,2007:2-3.
② 丹尼斯·米都斯,等.增长的极限[M].李宝恒,译.长春:吉林人民出版社,1997:17.
③ 理查德·T.德·乔治.经济伦理学[M].5版.李布,译.北京:北京大学出版社,2002:23.
④ 霍尔斯特·施泰因曼,阿尔伯特·勒尔.企业伦理学基础[M].李兆雄,译.上海:上海社会科学院出版社,2001:180.

括:莱斯特·R.布朗(Lester R. Brown)的《生态经济——有利于地球的经济构想》,在其看来,经济只有尊重生态学原理才能够可持续发展,而不能反映商品和服务全部成本的市场信息往往会误导经济决策者;其后,布朗在《B模式2.0:拯救地球 延续文明》中指出,解决现代文明因过度消耗自然资本所形成的泡沫经济,必须要动员全球来稳定人口和气候以控制泡沫的逐渐消失;美国环境经济学家H.E.戴利(Herman E. Daly)提出了"稳态经济理论",强调物理的数量性扩展与质量的功能性改善的区别,并提出可持续发展需要发挥生态、社会、经济等不同子系统的优化集成作用,使生产和消费的物质流服从于理想的生活标准而达到最小化。

2. 绿色政治中的生态伦理变革

1968年,美国生物学教授哈丁(Garrett Hardin)在《科学》杂志上发表了《公地悲剧》一文,该文强调,人类行为一旦缺少了政治法律和伦理道德的规约,必然会在市场经济体制运行中将空气、水、海洋、牧场等视为免费的公共资源而过度使用,其结果注定是所有公共物品的悲剧。1987年,由挪威首相布伦特兰夫人领衔,世界环境与发展委员会发表了报告《我们共同的未来》,首次提出了"可持续发展"概念,以国际政府组织身份从政治角度切入,对人类所面临的生态环境问题探索性地提出了较为积极的政策目标和行动建议。卡普拉(Fritjof Capra)和斯普雷纳克(Charlene Spretnak)合作了绿色政治理论典著——《绿色政治——全球的希望》,通过介绍和评论生态社会运动和绿党政治,宣告了绿色政治理论时代的来临。20世纪90年代,政治和哲学的绿色革命学术成果更为丰硕,代表理论包括:英国生态政治学家安德鲁·多布森(Andrew Dobson)在《绿色政治思想》中构建了一种较为激进的生态政治理论体系;戴维·佩珀(David Pepper)的《生态社会主义:从深生态学到社会正义》,通过揭示后现代政治和深生态学的绿色方法的缺陷,构建了生态社会主义理论;科尔曼(Daniel A. Coleman)的《生态政治——建设一个绿色社会》论证了政治失范是生态环境危机的根源,并指出解决的路径在于"以建设生态社会为目标、以健全的社会价值观为指引、以弘扬合作与社群精神为旨归、以壮大基层民主力量为手段的系统工程"[①];约翰·德赖泽克(John Dryzek)将社会生态学划入绿色激进主义的政治范畴,认为布克金的生态无政府主义实施的是政治经济战略,致力于政治制度和集体决策层面的变革;高兹(André Gorz)的《资本主义、社会主义与生态学》阐释和建构了生态政治学与生态学马克思主义理论体系。21世纪,生

---

① 叶海涛.绿之魅:作为政治哲学的生态学[M].北京:社会科学文献出版社,2015:14-15.

态政治学开始关注环保运动等政治实践,以莫斯科维奇(Serge Moscovici)的《还自然之魅:对生态运动的思考》为代表,力图架设自然和政治之间的桥梁,呼吁人类通过恢复"自然之魅"形成一种崭新的社会政治组织形式和生活方式。

3. 生态哲学思潮中的生态伦理释义

生态哲学的孕育肇始于20世纪初至20世纪中叶西方工业革命进步带来的环境污染。1933年,德国哲学家阿尔伯特·施韦兹(Albert Schweitze)在《文明与伦理》中提出"敬畏生命"的伦理原则。1949年,美国生态学家阿尔多·利奥波德(Aldo Leopold)出版了《沙乡年鉴》,提出保护"生命共同体的稳定、完整和美丽"所需的大地伦理,该思想认为人类作为生命共同体的普通成员,应该尊重土地及其他成员,转变以征服者自居的角色,这种将道德权利向自然实体扩展即生态伦理的发展。1962年,美国海洋生物学家蕾切尔·卡逊(Rachel Carson)的名著《寂静的春天》,揭露了化学污染对环境的危害,批判了科学思维、功利主义的行为模式,推动了环境运动的勃兴。1967年,美国历史学家林恩·怀特(Lynn White)在《科学》杂志发表了《我们生态危机的历史根源》一文,认为生态危机源于基督教中人类统治自然的观念,因此,人们必须探寻处理人与自然关系的新的价值观念。正如阿恩·纳什(Arne Naess)指出,"到了20世纪70年代,随着人们对环境问题的高度关注,以及哲学家们想用其智慧来解决时代课题的热情的空前高涨,一门全新的哲学学科——环境哲学——诞生了"①。1972年联合国人类环境会议在瑞典斯德哥尔摩召开,通过了具有划时代意义的《人类环境宣言》,警醒人们反思以人类利益为根本尺度的人类中心主义对环境所带来的影响,标志着人类环境意识的全面觉醒。20世纪80年代,哲学家们纷纷对环境价值观念进行论证,确立起比较完整的思想理论体系,并试图用生态系统论的理论和方法来揭示交织于人类社会与自然环境之间的内在联系和普遍规律。

生态哲学的研究范畴主要包括大地伦理观、生命价值观、生态伦理观、生态价值观、生态保护观、系统生态观、生态文化观等,形成了如动物权利主义、生态中心主义、大地生态主义、物种平等主义、种族平等主义、自然共生主义、深生态学等诸多流派。它们的共同特征是以人与自然、人与人的平等关系为原则,反对人类中心主义、反自然控制论、反物种及种族歧视,倡导权利平等,强调尊重物种生命和自然规律,提倡合理应用生态技术、珍惜地球资源。西方生态哲学研究的影响可以概括

---

① 纳什. 大自然的权利[M]. 杨通进,译. 青岛:青岛出版社,1999:147.

为:第一,反思西方工业文明价值观,促进生态伦理道德建设,加强维护全球生物多样性的法律约束;第二,解决人类共同面对的自然生态和生存问题,促进可持续发展共识的达成,保护资源和环境以满足子孙后代的永续发展;第三,破除以人类为中心来判断其他物种的价值,强调尊重生命以促进物种平等观的形成,对于保护生态系统、构建和谐社会起到推动作用;第四,主张达成科学、生态和社会的和谐统一,以世界和谐观促进世界新秩序的建立,推动国际秩序的民主化、公正化发展潮流;第五,有利于促进珍惜地球资源、厉行节约观念的形成。社会的可持续发展要求人类树立生态道德观念,承担起管理自然资源的责任和义务。

4. 社会分析视角中的生态伦理精神

西方社会学因素被纳入生态学来分析研究,主要集中于社会生态学理论体系。就价值而言,社会生态学批评了人类支配自然的管理价值理念,以有机整体世界观和对人类社会理性的信心来审视生态问题,追求整个社会内部机制生态化的价值目标。对于化解生态危机的方式,社会生态学并未局限于消费行为模式和价值信仰体系的个体视角或技术的科学视角,而是深入人类社会系统的职能作用领域以及社会组织结构变革当中。社会生态学坚持辩证自然主义的自然观和社会历史观,在美国社会生态学代表人物墨里·布克金(Murray Bookchin)看来,它以发展的、系统的、辩证的而非线性的、分析的、机械的方式看待人类社会与自然之间的相互关系,使人类社会脱胎于生物世界,第二自然脱胎于第一自然。① 马尔科维奇力求在社会内部寻找产生环境问题的社会制度根源,他认为,现代工业社会的发展是在滥用自然资源上造成了社会的严重破坏,保护自然的生态平衡从保护自然再生产的观点看,它必须有助于我们找到什么是"好的"自然和什么是"好的"社会这个问题的答案。② 美国社会生态学家约翰·克拉克(John Clark)认为,应摒弃人类对自然长期统治历史中占主导地位的社会等级划分和二元论的意识形态,从生态学的角度探究生态系统的价值,"生态系统是一个产生价值的整体。从根本上说,地球对于我们来说必须被看作是最具有道德意义的产生价值的整体"③。

社会生态学不仅要求道德的重建,更加注重以生态学的方式进行社会重建。社会生态学认为,市场经济社会是遵循着"要么增长,要么死亡"的竞争规则来建立和运作的,资本主义市场经济在这种缺少人性化的运行机制的作用下,为获取利

---

① ZIMMERMAN M. Environmental philosophy [M]. Englewood Cliffs: Prentice Hall,1993:359.
② 雅诺夫斯基,舍林. 评 Д. 马尔科维奇的《社会生态学》[J]. 国外社会科学,1997(5):68-72.
③ ZIMMERMAN M. Environmental philosophy [M]. Englewood Cliffs: Prentice Hall,1993:345,349.

润而不断进行商品交换、工业扩张、利益竞争。布克金认为,应关注资本主义经济制度以探究环境问题的根源,对消解社会压迫和生态困境的等级制,重申自由遗产和重建社会至少应遵循三个原则:一是吸取生态学观点和原则;二是吸纳有机社会的用益权原则、最低保障原则、不平等中的平等原则;三是保持对科技理性负面效应的警惕。他还提出了"自由市镇主义"的行动计划方案。在美国佛蒙特社会生态学研究所对布克金理论的传播和辩护中,珍妮特·比尔(Janet Biehl)在《社会生态学的伦理辩证法》中指出:"资本主义试图将非人类的自然当作稀有资源加以工具化,它甚至想把人仅仅作为劳动工具而工具化。"①作为布克金的终身追随者,她围绕着自然观、有机社会观、支配的遗产、对马克思主义的批评、无政府主义架构等核心议题将布克金社会生态学理论编著成书,介绍其自然哲学、社会哲学和政治哲学思想。丹尼尔·乔多科夫(Daniel Chodorkoff)认为,实现人类文化与自然和谐的目标,需要重建整体性的共同体。这种基于社会与自然和谐发展的"生态共同体的财富是一种真正的社会财富,这种财富通过美观的环境、有教育意义的劳动、创造性的活动、融洽的人际关系和对非人类自然的欣赏等形式来大量增长"②。社会生态学认为,这种共同体应树立生态价值观念,对共同生活责任进行管理,在社会制度中发扬"补偿伦理"精神,促进人类发挥延续生物圈完整性的支柱作用,以自我超越的伦理精神追求经济制度、政治制度和精神文化观念生态化的价值目标,促使社会与自然在互动互补中共同走向"自由的自然",从而引导绿色变革以构建制止人类生态环境恶化的生态社会。

5.马克思主义理论中的生态伦理阐释

对传统马克思主义理论的生态思想加以概括,主要包括人与自然和谐相处、人口与社会协调发展、新陈代谢理论和循环经济思想等四个方面。第一,马克思、恩格斯认为,人类是自然界的产物,人类自身具有自然属性,自然是人类的无机身体,人类依赖自然而生存。马克思关注现实的自然,强调人化自然对人类的实践意义,明确指出离开了人类实践的自在自然对于人类毫无意义。人类在改造自然以满足自身需要的过程中,不仅要实现"人与自然的和解",也要实现"人与人的和解",并进一步指出共产主义作为实现"两大和解"的社会制度,"这种共产主义,作为完成了的自然主义,等于人道主义,而作为完成了的人道主义,等于自然主义,它是任何

---

① ZIMMERMAN M. Environmental philosophy [M]. Englewood Cliffs: Prentice Hall,1993:359.
② ZIMMERMAN M. Environmental philosophy [M]. Englewood Cliffs: Prentice Hall,1993:349.

自然界之间、人和人之间的矛盾的真正解决"①。第二,马克思、恩格斯批判了马尔萨斯抽象的唯心主义"人口决定论",却对人口增长必须与谷物增长保持平衡的观点给予肯定,并提出了"两大生产"理论,即物质资料的生产和人类自身的生产必须相互协调发展。第三,马克思创造性地将新陈代谢从自然科学领域运用到社会科学领域,借助这一概念使劳动价值论揭示出资本主义商品流通和资本积累过程,分析了酿成生态环境危机的自然和社会机制,进一步提出了可持续发展的生态思想。第四,马克思最先提出工农业生产中的循环经济思想,进而提出了实现循环经济的四个前提条件,即社会化大规模生产、机器的改良、科学的进步和生产力的提高,并从生产排泄物的再利用以及调节人与自然之间物质变换的社会控制的视角阐述了节约资源的原则。

欧美生态马克思主义学者对马克思主义的生态思想观念做了进一步的阐发和拓展。基于法兰克福学派对于科学技术对人类社会和生态环境影响的理论探索,威廉·莱斯(William Leiss)和安德烈·高兹(André Gorz)等人,最先提出了系统的生态马克思主义思想。莱斯在《自然的控制》一书中继承了老师赫伯特·马尔库塞(Herbert Marcuse)的"技术的资本主义使用"的观点,认为把自然界当作商品加以控制,把控制自然作为资本主义和社会主义相互竞争的工具,是资本主义社会和社会主义社会中生态环境恶化的深层原因。本·阿格尔(Ben Agger)于1979年出版的《西方马克思主义概论》,首次提出了"生态(学)马克思主义"概念。20世纪90年代,詹姆斯·奥康纳(James O'Connor)提出了资本主义"双重危机"理论。约翰·贝拉米·福斯特(John Bellamy Foster)和保罗·伯克特(Paul Burkett)则尝试构建"马克思的生态学理论"。欧洲学者戴维·佩珀(David Pepper)、瑞尼尔·格仑德曼(Reiner Grundmann)、泰德·本顿(Ted Benton)等,则更侧重于构建一种广义的生态社会主义理论。进入21世纪后,福斯特(Foster)、萨拉·萨卡(Saral Sarkar)、德里克·沃尔(Derek Wall)等欧美学者则继续拓展生态马克思主义,并着力于揭露全球气候变化背后的资本逻辑。② 作为一种现代环境政治社会理论,马克思的生态学或生态学马克思主义在本质上是对资本主义社会条件下生态环境问题的经济政治制度成因的彻底性批判,以及对这种制度性前提的社会主义替代,强调对现代生态环境问题要着眼于一种新型的社会自然关系的建构。

---

① 中共中央马克思恩格斯列宁斯大林著作编译局. 马克思恩格斯文集:第一卷[M]. 北京:人民出版社,2009:185.
② 郇庆治. 重建现代文明的根基:生态社会主义研究[M]. 北京:北京大学出版社,2010:2-6.

(二)国内相关研究

国内关于生态伦理的研究,起源于20世纪70年代以来对西方生态伦理经典著作的引介,通过对西方生态伦理思想的翻译和介绍,进入研究的萌芽阶段。20世纪80年代,在研究西方生态伦理理论的前提下,国内学者对生态伦理的基础理论及热议论点进行批判反思和激烈论辩,积淀了一系列研究成果,推动生态伦理研究进入发展阶段。20世纪90年代,由于人们生态意识的不断提高,生态伦理迈入快速增长阶段,全球性生态危机的频频爆发,促使生态伦理逐渐成为学界持续关注的议题。

1. 关于生态伦理的系统理论研究

自20世纪80年代以来,国内学术界对生态伦理的基础性理论问题展开了哲学思辨和激烈探讨,对近些年我国生态伦理学的热议问题进行梳理,主要概括为以下两个方面。

第一,关于人类中心主义与非人类中心主义的争论。自国内学术界引入生态伦理理论以来,学者们就热衷于对人类中心主义与非人类中心主义各自的伦理观和价值观进行探讨与争辩,作为生态伦理学领域的根本性问题,争论的核心问题主要是人类中心主义合理性以及非人类中心主义的可行性。在人类中心主义的伦理观中,人是自然界中唯一具有理性的存在物,由于人以自我为目的而自在地具有内在价值,人类保护生态环境是出于自身的生存利益而持有对自然存在物的间接义务,从而使人成为调节伦理关系的召起者。汪信砚提出:"在人与自然、人类与生态环境的相互作用中,应将人类的利益置于首要地位,人类的利益应成为人类处理自身与自然生态环境的根本价值尺度。"[①]

非人类中心主义则认为,生态伦理应该突破传统伦理研究领域的界限,将道德关怀范围从人类社会拓展到自然界中的所有存在物,延伸至生态系统中的所有自然生命,使其成为道德关怀的对象。我国较早研究生态伦理且影响颇大的余谋昌先生坚持非人类中心主义的思想进路,他在《走出人类中心主义》一文中认为,生态伦理学的理论应确立自然界的价值和利益,促进人们在实践中更好地保护地球上的生命和自然界,既要强调人对自身行为控制和调节的职责与决定性因素,又要使生物和自然界的利益受到尊重,从而保证生态系统的整体性并提高其维持生命的能力。叶平认为:"以人类利益或人类整体利益为出发点或最终目的的生态伦

---

① 汪信砚. 现代人类中心主义:可持续发展的环境伦理学基础[J]. 天津社会科学,1998(3):53-58.

理,实际上是把地球或生物圈当作工具或手段的社会伦理……生态伦理学的出发点和最终目的是人与自然的协同进化。它的科学基础有赖于对自然界总体的看法和人在自然界地位的认识。"①

第二,关于自然价值的理论研究。自然价值在我国生态伦理学的研究领域内能够引起广泛的争论,主要是由于学者们对自然价值的认识不足和理解存在分歧影响着生态伦理理论体系的建构与发展。在关系范畴的价值论中,自然价值是以人为认识主体和以自然为认识客体的两者之间关系的描述。人类中心主义强调自然的各种属性对人的各种需要的满足,突出了自然对人的使用价值或工具价值。非人类中心主义则试图颠覆近代工业文明的主流价值观,从自然的内在价值出发,在更加开阔的伦理视角中探求人与人、人与自然之间的关系。然而,对于自然的内在价值这一复杂而又不可回避的核心概念的争论,学者们持有不同观点。刘福森在《自然中心主义生态伦理观的理论困境》一文中认为,将自然的存在属性视为内在价值,"显然是把价值论同存在论等同起来了",犯了摩尔所说的从"是"推出"应该"的自然主义谬误。② 曹孟勤在《自然界:人类反观自我之镜——对自然界价值的再解读》一文中,从自然作为人的本质的对象化出发,对自然界存在着确证和表现人本质的价值予以确认,并且使这种价值需要在工具价值和内在价值的相互统一中得以实现。③

国内学者在引介和评价西方生态伦理理论成果的发展过程中,逐步形成了独具特色的生态伦理学科体系,盛产出生态伦理领域的诸多著作,如余谋昌的《生态哲学》、叶平的《生态伦理学》、刘大椿的《环境思想研究》、杨通进的《环境伦理:全球话语中国视野》、佘正荣的《中国生态伦理传统的诠释与重建》等。经过不断深入的研究,编写出数套系列性的丛书,如吴国盛主编的《绿色经典文库》(16本)、诸大建主编的《绿色前沿译丛》(11本)、张岂之主编的《环境哲学译丛》(4本)、刘湘溶主编的《环境伦理学研究丛书》(3本)等。这一系列著作从生态伦理学的产生、发展、变化着手,使生态学、伦理学各个学科联系起来,朝向多领域、多方向、深层次发展,并将理论与实践相结合,推动了我国生态伦理系统理论的研究发展。

方法论的角度,张敏在《生态伦理学整体主义方法论研究》中分析了生态—整体论的含义,并提出了"整体共生性原则、系统优化性原则、动态过程性原则以及直

---

① 叶平.一种新境界的生态伦理[D].全国自然资源生态环境与社会发展研讨会,1992.
② 刘福森.自然中心主义生态伦理观的理论困境[J].中国社会科学报,1997(3):45-53.
③ 曹孟勤.自然界:人类反观自我之镜——对自然界价值的再解读[J].烟台大学学报(哲学社会科学版),2007(3):8-12.

观情感体验模式、自然价值知性模式和生态信仰模式"①,通过生态学的理论支撑和范式转化,该文从整体性分析视角切入试图在研究生态伦理学的整体主义路向中建构生态价值观和伦理观,进而实现人、社会、自然的和谐发展。

从内在逻辑的角度,王妍的《环境伦理生成论的内在逻辑》一书,对近代理性主义哲学加以批判的反思,在当代人类生存的基础上,论证了环境伦理作为哲学范式存在的可能性与发展合理性依据,"试图从哲学的世界观和方法论层次上启迪和诠释人与自然的关系",通过探寻环境伦理生成论的内在逻辑,力求"实现哲学范式的根本性转换:从传统主体性哲学转向生态哲学",以及"思维范式的转换:从对象性思维转向整体性思维"②。

建构路径的角度。肖爱平和刘钊在《论生态伦理的基本准则及建构路径》一文中,归纳了保持生态平衡的生态伦理准则,提出保护自然环境、合理利用生态资源的可持续发展方式,以及维护人和自然、人和人、社会和社会之间实现正义的伦理方式,进而在建立国际合作的基础上探寻合理化运用科学技术来构建生态伦理的有效路径。③

2. 关于生态伦理价值相应维度的研究

国内关于生态伦理价值具体分析的研究多集中于行政价值观、绿色发展观、生态文化理论、生态正义理论以及生态治理理论等方面,对生态伦理相关的议题进行了不同视角的分析。

(1)生态伦理的行政价值观角度

生态伦理的行政价值观包括行政伦理理念的生态化、行政伦理决策的生态价值取向及行政评估的生态优先理念。张治忠在《生态文明视野下的行政价值观研究》一书中,剖析了关于人与自然关系的价值观和价值评价的哲学认识,确立了公共行政价值观对环境伦理的价值取向,"要求行政价值观从平衡人类社会关系提高到协调人类社会与自然关系的高度"④,从生态伦理观的认识视角建立一种尊重自然的道德观,将经济效益和生态效益统一起来,作为实践领域中衡量社会发展的评价标准,使政府行政理念和伦理价值观与生态文明发展的时代要求相匹配,在追求生态的政治智慧以及政府行政模式和公共行政人员职业价值中,彰显出代内公平

---

① 张敏.生态伦理学整体主义方法论研究[M].长春:吉林人民出版社,2013:3.
② 王妍.环境伦理生成论的内在逻辑[M].北京:北京大学出版社,2012:8.
③ 肖爱平,刘钊.论生态伦理的基本准则及建构路径[J].中南林业科技大学学报(社会科学版),2017(6):39-42.
④ 张治忠.生态文明视野下的行政价值观研究[M].长沙:湖南人民出版社,2015:2.

和代际公平的伦理要义。徐凌在《理性生态人:经济学、生态学视角下中国行政价值观重构研究》一书中,探究了我国社会转变时期政府的价值取向的变化,在政治观念的转变、经济体制的转变、道德文化观念的转变以及社会经济形态的转变中,对当代中国行政价值进行体系化的提升与重构,通过"理性生态人"的行政理性定位,构建符合生态伦理时代精神和发展趋势的行政价值观,推进生态化行政价值理念的现实转化,促使我国政府在生态环境保护与经济可持续发展中寻求一条彼此和谐、相互促动的社会发展道路。

(2)生态伦理的绿色发展角度

薛勇民、曹满玉的《论绿色发展理念蕴含的生态实践智慧》一文认为,生态环境问题源于不合理的管理实践方式。转变发展方式以改善生态环境必须建立在生态实践的哲学基础上,满足绿色发展理念诉求的生态实践顺应历史发展的潮流,蕴含着生态效用观、生态制度观、生态科技观、生态消费观和生态人格观等生态智慧。① 郝栋在《绿色发展道路的哲学探析》中对现代性危机进行反思,通过"深绿色"和"浅绿色"的生态伦理思想的历史传承和哲学思辨奠定了绿色发展的理论基础,从发展理念的转型和伦理道德的重构以及满足人的全面发展诉求等方面探究绿色发展的精神内核,引导人类社会走上生态文明的绿色发展道路。②

(3)生态伦理的文化理论角度

江泽慧在《生态文明时代的主流文化》一书中认为,狭义的生态文化包括生态哲学、生态伦理、价值观念以及生产、生活、行为等方式和生态文化的制度融合,在中国传统文化"天人合一"世界观的基础上,提出超越人与自然二元对立的生态文化的伦理考量及相应的道德规范,以实现人与自然的和谐共生。③ 卢风在《论生态文化与生态价值观》一文中,以文化分析的方法揭示出现代文化的反生态、反自然特征以及不可持续性是造成生态危机的重要原因,文章认为,生态文化在理念层面必须超越人类中心主义。④ 陈敏豪在《生态文化与文明前景》一书中,从生态科学及其思想观念的文化视角进行论述,广泛地探讨了有关生态文化的世界观、人类能动性观、稳定观、人口观、资源观、能源观、城市观、风景园林观、技术发展观、国家安全观等问题。⑤

---

① 薛勇民,曹满玉.论绿色发展理念蕴含的生态实践智慧[J].马克思主义研究,2018(3):116-123.
② 郝栋.绿色发展道路的哲学探析[D].北京:中共中央党校,2012.
③ 江泽慧.生态文明时代的主流文化:中国生态文化体系研究总论[M].北京:人民出版社,2013:27,34.
④ 卢风.论生态文化与生态价值观[J].清华大学学报(哲学社会科学版),2008(1):89-98.
⑤ 陈敏豪.生态文化与文明前景[M].武汉:武汉出版社,1995:16,54,67,85,102,132,191,216,255,278.

(4)生态伦理的正义价值角度

曾建平所著《环境正义——发展中国家环境伦理问题探究》一书中,从伦理学的角度分析了发展中国家在现代化进程中所面对的经济发展与环境保护之间的矛盾关系,认为"发展中国家的环境恶化主要由贫困造成的""环境的恶化加剧着贫困"[①],要厘清发达国家与发展中国家之间的价值序列以推动可持续发展,应当在制度公正、伦理励新和经济正义等非经济方面进行变革。贾卫列等在《生态文明建设概论》中,从生态伦理的角度论述生态公正,认为"生态公正是指人类处理人与自然关系以及由此引发的其他相关关系上,不同国家、地区、群体之间拥有的权利与承担的义务必须公平对等,体现了人们在适应自然、改造自然过程中,对其权利和义务、所得与投入的一种公正评价"[②]。

3. 管理(哲)学与生态伦理的价值研究

国内关于生态伦理的价值研究多集中于伦理学领域,管理学、管理哲学视角的生态伦理文献相对较少。目前,管理的生态化理论、可持续发展管理理论与生态伦理的价值维度相契合,并且对管理价值的分析具有一定的哲学内蕴。

(1)生态化的管理哲学理论研究

黄志斌在《绿色和谐管理理论:生态时代的管理哲学》一书中梳理了管理发展中和谐理念的演进历程,将"生生、协变、臻善"的绿色哲学意蕴融入和谐理念,形成了绿色和谐管理理念,并提出以三大和谐为价值取向的新人本管理观,系统地构建了绿色和谐管理理论的基本框架,"针对现有管理理论和实践在人性观、价值观、效益观、过程观、系统观诸方面存在的突出问题,运用'调研——体认'法、生态论方法、综合创新法和体系构建法进行辩证探索和有机集成"[③],为管理实践提供绿色化的价值原则和理想目标。

孔冬在《管理生态学——一种现代管理新范式》一文中,从生态学与管理学交叉的视角,运用生态学的基本原理和基本方法,探讨了组织与管理环境相互统一、相辅相成、相互促进的生态有机统一关系。该文章提出了管理生态学的理念,并在论述建构可能性的基础上,进一步对组织的发展、演变和管理生态环境的构成两个主题进行了论证,从而在发展组织与管理生态环境研究领域内构建起一种新范式。[④]

---

① 曾建平.环境正义——发展中国家环境伦理问题探究[M].济南:山东人民出版社,2007:93-94.
② 贾卫列,杨永岗,朱明双,等.生态文明建设概论[M].北京:中央编译出版社,2013:11.
③ 黄志斌.绿色和谐管理理论:生态时代的管理哲学[M].北京:中国社会科学出版社,2004:序1-2.
④ 孔冬.管理生态学——一种现代管理新范式[D].苏州:苏州大学,2003.

谢斌在《人本生态观与管理的生态化》一书中，将管理学与生态学结合起来，提出"人本生态世界观"理念，挖掘马克思主义哲学视角下具有生态学意蕴的思想体系，从管理生态化的含义和意义、管理对象的生态化、管理过程的生态化、管理主体的生态化、生态化与管理创新及生态化管理的基本原则六个方面对管理活动的生态化展开论述，力求结合管理实际来贯彻人本生态观的精神。①

（2）可持续发展的管理理论研究

牛文元等在《可持续发展管理学》一书中结合可持续发展的原理和管理学知识，以"可持续发展科学"作为理论方法，系统介绍了可持续发展管理学的内涵，对于可持续发展的战略管理、区域管理、环境管理、社会管理构建起可持续发展管理学的知识框架，并且首次针对宏观、中观、微观不同层次进行可持续发展管理的总结。②

王伟中等编写的《可持续发展管理》从组织运行和组织体系两个方面对可持续发展管理的框架进行设计，着手于计划、组织、领导、决策四个管理环节，阐述了可持续发展管理的主要内容，对目标管理、流程再造、示范管理等现代管理技术，以及现代信息技术和战略管理方法进行了诠释和实践应用的探讨。③

(三)国内外研究现状的简要评价

综上所述，关于生态伦理的价值研究多集中于经济学、政治学、行政学、社会学、哲学领域，诸多领域的生态伦理道德观念和价值取向为现代社会管理的价值研究提供了积极的启示和引导。尽管，西方生态伦理蕴含一定的浪漫主义色彩，可能在一定程度上会削弱人的主体能动性，但从生态伦理的多角度价值研究来看，总体上取得了丰硕的研究成果。首先，对生态伦理的哲学基础分析，确立了马克思主义哲学对生态伦理问题研究的主导地位。其次，对生态伦理价值的阐释，揭示了生态伦理的公正性、平等性、持续性。最后，选择生态伦理的实践方式，无论是生态治理的战略实施，还是生态法治的制度安排，均为推动我国生态伦理的管理实践积累了有益的指导经验。

纵而观之，作为交叉领域的研究方向，国内学术界对生态伦理问题的研究尚处于探索阶段，理论联系实践的密切程度还有待进一步提高，在研究上挖掘得还不够深入，并且多集中于理论性的研究，实践性的研究还有待推进。当前，我国学术界

---

① 谢斌.人本生态观与管理的生态化[M].北京:科学出版社,2009:19,76,111,136,171,185,221.
② 牛文元,等.可持续发展管理学[M].北京:科学出版社,2016:14,52,79,118,170.
③ 王伟中,等.可持续发展管理[M].北京:科学出版社,2006:24,40,128,150,162,201,237.

关于生态伦理问题研究不足,笔者认为主要存在以下几方面问题。

第一,研究的内容密切联系实践的程度尚不够。自西方生态伦理理论形成以来,学术界研究的相关内容主要集中在生态伦理的思想演变过程、理论流派分野、生存危机反思等方面,在一定程度上扩宽了理论探讨的视野,增加了学术研究的成果。然而,目前学界在生态伦理领域的研究还处于探索阶段,倾向于理论层面的研究,更多的是选取定性分析的方法,建构性地提出原则并阐释理念,较少地关注生态伦理的体系化模式研究。本书通过探究生态伦理视域下的现代管理价值,尝试性地提出生态伦理的管理决策理念和运行模式,以此回应实践应用中有关生态伦理冲突问题的解决方式。

第二,需要采用适当的方式进一步挖掘研究的深度。纵观学术界有关生态伦理的研究成果,多为从宏观上描述性地阐述西方生态伦理理念或我国传统生态伦理观,缺少从历史发展维度的生态伦理理论对比演变过程,未能全面挖掘生态伦理在现代管理发展背景下的问题根源、应用范围、适用方法,对生态伦理的现实问题没有从价值层面深刻地把握,相关研究更多地散落于理论上的表述,没有系统地、整体地对生态伦理的管理价值进行归纳总结。学术界应以管理思想史为线索,使生态伦理符合现代社会的发展潮流和价值取向,站在管理哲学的高度正确地解释现代管理领域中生态伦理的蕴义和价值。

三、基本思路与主要创新

本书基于管理领域对生态伦理的本质和内涵等基本规定性进行界定,从管理思想史的变迁中对反生态、反自然等情形进行梳理和评判,依据生态伦理逻辑来探究现代管理的哲学模式,分析现代社会发展中生态伦理实现的困境与出路,进而提出中国特色社会主义背景下生态伦理的建构之道。

(1)基本思路

根据研究目的的需要,全书共分七章。

第一章,绪论,生态伦理研究的管理学探究是从整体生态观维度解析管理的本质特征以及组织、人与生态环境之间关系的合法性与合理性价值诉求,它关涉管理工具、管理行为、管理职能、管理目的等生态镜像中的公平正义、秩序效能、和谐发展等正当性与可行性考量,这在理论建构层面有积极的引导作用,在管理实践层面具有重要的限制和规范作用。国外关于生态伦理的研究,聚焦于经济伦理哲思、绿色政治变革、生态哲学释义、社会生态学理念以及马克思主义的生态思想探究。国内的生态伦理研究首先从系统理论研究上展开,并向方法论研究、内在逻辑和建构路径的纵深方向发展。在引发了人类中心主义与非人类中心主义激烈争辩后,对自然价值的理解逐步有了统一的认识。目前,生态伦理在行政价值观、绿色发展、生态文化、生态公正以及与管理学交叉综合的价值建构等方面都取得了丰硕的成果。本书力求推动管理生态学的创新研究,揭示管理价值的生态本质,提高社会的生态治理能力,具体研究方法主要包括系统综合研究方法、历史与逻辑相统一的方法、理论与实践相结合的方法。

第二章,现代管理的生态伦理本质,首先,就人与自然关系的根源性问题,对西方生态伦理的思想起源、流派及其演变进行思想史的回溯性简述,分别对现代人类中心主义、生物中心主义、生态中心主义等具有代表性的流派及理论内容进行凝练、阐述,从思想史的变迁过程显现出人对自然的认知和相处的发展变化。其次,基于现代管理的生态伦理定义,从现代管理逻辑、功能、价值层面对生态伦理的内涵进行归纳,并在结构性、创新性、作用方式、价值指向等方面总结了生态伦理的表现特征。最后,以生态伦理为纲领,从价值理念、基本原则、理论基础、维护机制等方面做出有关基本问题的梳理与交代,并围绕生态伦理在政治管理、经济管理、社会管理等不同场域的研究分析,揭示出不同学科领域中普遍、共同存在的生态伦理属性。

第三章,现代管理视域下的生态伦理历史演进,是以历时态为观察视角,对管理思想史中生态伦理的思维意识和理论发展进行分析,寻求管理思想更迭过程中的管理价值的定位和取向,以不同管理时期所表现的人性假设为基础,根据不同发展阶段人的不同需求,梳理和总结适合各管理发展阶段所应用的管理模式,以及在当时社会背景条件下所产生的作用和存在的局限。生态伦理视域下,现代管理的价值样态历经古典管理时期的效率至上、行为科学时期的情感依托、系统权变时期的因境制宜、知识与文化管理时期的互生共存。生态伦理所崇尚的精神实质终究无可避及地通过管理形式予以展现,在管理价值的演进过程中方可酝酿并生成管理本身内蕴的一种生态观的现代管理价值导向,进而构建一种生态伦理化的现代管理哲学模式并使其成为推进人类文明发展的途径和使命。

第四章,现代管理的生态伦理价值向度,基于生态伦理的核心要义,从生态公正、生态自由、生态平等、生态和谐四个方面,寻求生态伦理构建的理论依据,进而选择适合时代发展需求的思维方式和规范行为,以实现人与自然的和谐关系。其中,生态公正将公正理念扩展到生态领域,在伦理道德的延展中力求人与自然之间的公平,通过生态服务职能的完善,以生态公正促进社会公正的实现;生态自由通过道德约束践履生态责任,谋求公共权力在社会秩序建构中的非均衡性自由状态,协调生态秩序和社会秩序的平衡与稳定,彰显公共精神的自由价值指向;生态平等以代内公平和代际公平作为生态伦理的实践原则,为生态伦理的人本化管理本质提供了伦理支撑,推动现代管理发展的协调均衡性和可持续性;生态和谐是以人与自然、人与社会、社会与自然之间的和谐关系为价值取向,从人自在与自为的身心和谐、人与自然的统一和谐、社会与自然的互依和谐来确立生态伦理的天人和谐理念。

第五章,现代管理的生态伦理价值实现困境与出路,探讨了生态伦理由于自身理论存在的缺陷而导致现代管理价值实现的困境,在管理作为生态伦理得以形成和表现的作用基础上,从现代管理的主体、目标、秩序、文化等各要素分析并归纳出主体价值公平缺失、可持续发展目标受阻、生态安全秩序失衡及中西方生态伦理的融突等阻碍管理价值实现的因素,进而探寻走出困境的对应出路。其中,确立协调共生的价值理念以构建生态伦理道德规范,实施生态伦理战略以推动生态化社会经济发展,加强生态法制建设以强化政府的生态安全责任,创新生态文化理念以促进生态文明的理论建设,通过上述一系列解决措施,促使人们按照自然生态规律和社会发展规律追求人类的整体和长远利益,推进生态和谐发展战略,不断完善生态法制建设,以生态文化发展推动生态文明建设取得新进步。

第六章,中国现代管理的生态伦理价值建构之维,则是立足于生态文明发展的全球化浪潮,顺应人类命运共同体的必然发展趋势,将理论与现实紧密结合,探寻我国生态伦理的优化与建构之道。在"五位一体"总体布局的顶层设计下,从经济健康发展的源头、政治公正高效的依据、文化道德变革的支撑、社会和谐自治的协同、文明范式转向的指引这五个方面,探求我国生态伦理的建构理路,并将生态善治作为实现现代管理价值目标的有效手段,促使美丽中国的愿景早日达成。我国生态伦理语境下,尝试性地提出生态领导的决策理念和实践方式,促进现代管理决策在价值判断和选择中实现生态伦理化,并通过确立生态行政价值观来促进我国公共卫生治理能力的提升。

第七章,结语部分揭示了生态伦理的现代社会治理功用,缘于现代管理对生态化发展理念和伦理限约的重视程度日益增加,使管理者更多地观照社会环境的整体价值和社会主体的共同利益,其做出的决策及实践活动效果既符合个体健康成长的利益,又符合社会持续发展的利益。在社会治理过程中,生态伦理不仅在转变和改进人类社会生存状态方面发挥了促进理论与行动相统一的催化作用,在协调和平衡多级主体公正平等方面发挥了均衡多元价值关系的稳定作用,还在建立和贯彻和谐社会伦理治理方面发挥了推动人与自然和谐共生的融合作用,力求在管理哲学层面从根本上解决人类的生态危机、改善宜居的地球环境、培养社会公共性精神,发挥其导向、调节、规范和约束等功能,从而重构政治经济秩序和生态秩序。

(2) 主要创新

本书的主要创新有以下三个方面:

首先,发掘和开拓管理生态学的前沿问题。目前,生态经济学、生态政治学、生态伦理学、生态哲学均已经发展为较成熟的学科,然而管理生态学尚未获得学界和公众的普遍认可。本书从生态伦理的视角研究现代管理价值,试图拓宽生态伦理的价值研究视野,以期为管理生态学的发展提供理论素材,并探求生态伦理渗透和融入管理层面所产生的影响。

其次,揭示管理价值的生态本质,在现代管理中嵌入伦理的视角,赋予管理系统中的组织、要素以及外部环境以伦理的考量。以生态正义的维度,促进社会公正目标的实现,使人、社会、自然之间的关系向和谐协同的方向调整,进而实现三者共同建立起来的复杂巨系统的整体和谐。

最后,矫治现代管理的缺失以促进生态伦理价值的实现。针对现代管理往往迁就或受制于现实发展的弊病,明确生态伦理的原则和价值取向,站在管理哲学的高度,对生态伦理精神进行思辨和审视,进而纠正现代管理的理论发展偏失,力求推动我国现代化发展中生态治理实践能力的提高。

四、研究方法

本书以管理学研究方法为主,运用历史唯物主义方法对生态伦理的思想理论进行哲学反思。具体研究方法如下:

(1) 系统综合研究方法

生态伦理的现代管理价值不仅包括微观层面的组织个体的管理价值,还包括宏观层面的普遍关联的一般性管理价值,根据生态伦理在不同领域展开的研究,行文中定会涉及经济学、政治学、社会学、哲学等学科的知识。因此,对于现代管理的生态伦理价值而言,需要从一个全面、整体、综合的视角切入,采用系统综合的分析方法来更好地进行归纳研究。

(2) 历史与逻辑相统一的方法

在一定历史背景下生成和演进的生态伦理,显现出符合客观规律的发展趋向。本书从纵向上透察管理思想史中的生态伦理思想,突出了客观历史规律与主体需求发展相统一的人本化管理本质,并依照此方法归纳出推动生态治理以提升我国现代化治理水平的结论。

(3)理论与实践相结合的方法

对生态伦理的研究,既需要关注热点,又要求结合现实,因而,本书在研究过程中不仅强调理论层面的建构性阐释,还从实践层面关注我国生态问题的解决之道,采用理论与实践相结合的方法,以理论设计为实践创新做出前瞻性的指引,通过解决管理实践中现实存在的问题,促进理论不断地完善和发展。

第二章 现代管理的生态伦理本质

生态本身是指一种生命存在的状态,因而探寻人与自然之间存在的状态,保持人与自然和谐相处,就需要以一种生态观、生态伦理观对管理行为进行规范和约束。现代生态学揭示了一个包括人在内的、相互关联的自然生态系统,为现代管理在生态时代背景下建构新的自然价值观和伦理世界观提供了环境自然科学的思维导向与理论支撑。现代管理对生态伦理的关注,源于生态革命发展的需要,反映出管理活动必须在遵循生态规律的前提下追求人与自然的和谐发展,才能保持人的健康持续生存和全面发展的必然趋势。管理领域的生态伦理显现需要哲学观念上的变革,从自然中汲取生态智慧,才能使有目的地改造自然的管理活动向促进生态系统平衡和生存环境改善的方向发展。在生态科学知识的支持下,将自然纳入管理的伦理范围考量,使管理活动既有利于人类又有利于生态,其本质就蕴含了一种生态观的伦理属性。

一、生态伦理的阐释

毫无疑问,生态伦理是由对人的生态环境问题的关注而引发的伦理思考,为回应具体时代背景下发展的现实需求,强调人类要承担保护自然的责任和义务,并明确人与自然和谐共生的价值导向。生态伦理是以生态学为代表的科学认知与拓展主义的伦理道德相互渗透、产生耦合的智慧结晶。一方面,生态学的真理性认识能够告诫人们如何按照客观的生态规律去行动,这种基于人类与生态规律联合的戒律,强调人类行为必须绝对遵循将一般的生态学法则提升为伦理原则,并发展成约束人类行为的一种伦理学;另一方面,伦理学的道德关怀扩展到自然万物,将人与自然的关系视为一种道德关系,强化人与环境之间的普遍联系、相互作用,将人对自然的干预力度约束在生态系统的承载限度内。站在哲学立场上所阐释的生态伦理,要求的是如何处理人与自然关系的一种态度,是关于对生态伦理化的现代管理价值观念的探究以及价值体系的评判。因此,经过对生态危机的批判反思,以生态伦理的自然观、知识论、价值观、道德观、发展观、生活观、幸福观对现代管理展开一场哲学革命,使人正视自己在自然整体中仅为普通成员,并协调维护与共同体其他成员之间的良好生态关系,用思维观念、价值选择、实践能力阐释生态伦理的内涵及特征,在珍惜地球、善待自然的自觉道德行为中提升人的主体性和尊严,彰显管理哲学所追求的生态时代精神。

生态伦理思想的产生在西方哲学史上可以追溯至先贤哲人关于自然的认识,古希腊思想家赫拉克利特认为,世界上存在永恒的、人人都必须遵守的"罗格斯",实质上是指自然法则,引发了人们对自然秩序的意义规定及理性作用的重视。16世纪以来,笛卡尔的科学方法和牛顿力学的机械论导致遐迩一体的完整自然被还原、割裂为孤立的单元,这种解构式认知的世界图景使主体与客体相分离、主观性与客观性相区别,令利益追求者不惜站在企图征服和统治自然的对立面。尤其工业革命后,人类的生产活动加剧了对自然的反作用,频发的生态问题愈加威胁着人类的生存和发展。因而,环境污染等生态危机加促了生态伦理的形成。20世纪,生态学的发展揭示出生物与自然的内在关系,为西方生态伦理思想的产生提供了新的自然观、价值观和方法论。西方伦理道德的发展受到环境与人的关系的变迁影响而不断产生变革,人们将道德关怀扩展到非人类的自然领域,这种新的伦理观和价值观企求颠覆以人为中心的传统的伦理道德意识形态,追求人与自然和解的生态伦理思想就此诞生。20世纪七八十年代,西方环境保护运动加促了生态伦理思想的体系化发展。1971年,美国佐治亚大学组织了关于环境问题的首次哲学会议,并随后出版了论文集《哲学与环境危机》;此后,有关动物权利问题的讨论、浅层与深层生态运动的区分、人对自然的责任等一系列代表著作的相继问世,标志着较为成熟的生态伦理思想的正式形成。

西方生态伦理思想流派纷呈,由于对人与自然的价值立场不同,涌现出了动物权利主义、生物中心主义、生态中心主义、弱人类中心主义、生态马克思主义、深生态学理论等诸多流派,在百家争鸣中共同表达出反对强人类中心主义、反对征服和控制自然、反对主客二分、反对物种歧视等观念,并提出物种平等、协同共生、尊重自然、珍爱生命等主张,使得各派学说在相互渗透、相互影响中呈现出融合统一的发展趋向。纵观生态伦理思想史,西方生态伦理思想的产生是伦理进化的必然,生态伦理思想的演变和发展取决于现代社会可持续发展的现实需要,思想的活力更是在全球环境治理的指导实践中不断得到加强。

(1)现代人类中心主义生态伦理

现代人类中心主义的生态伦理认为,人类为了满足自身利益而保护自然环境,论证这种合理化行为的论据随处可见。表现温和的现代人类中心主义的生态伦理认识主要表现为：

第一，基于理性意愿的弱人类中心主义。美国环境伦理学家诺顿(B. Norton)在理性分析的基础上，区分了人类中心主义生态伦理的两种类型，即强人类中心主义和弱人类中心主义。诺顿指出，将满足个体感性意愿作为参照的价值理论是强人类中心主义，而以满足理性意愿为参照的价值理论则是弱人类中心主义。感性意愿是指人们能够感觉或体验到的欲望或需要；理性意愿则是经过审慎理智的深思熟虑而形成的愿望或需要。诺顿认为，强人类中心主义只承认自然具有人类需要的价值，对人的感性意愿未经审慎的反思和限制而有缺陷。他所主张的弱人类中心主义还认为自然承载着转化人的价值观的功能，在提高人们对自然经验价值关注程度的过程中，能够遏制一切有悖于生态道德而阻碍人与自然关系协调的行为的发生，因此没有赋予自然以内在价值的这种必要。① 可见，这种弱人类中心主义架设起人与自然之间的生态道德关系，对资源利用的伦理规范蕴含着保持人与自然和谐的科学价值观。

第二，承认内在价值的人类中心主义。美国植物学家墨迪(W. Murdy)从生物进化论、文化人类学、哲学认识论和本体论等角度展开其现代人类中心主义观点。墨迪认为，人类评价自身的利益高于其他非人类是基于自然而非人为的。在进化过程中呈现出来的人类特有的文化、知识和创造能力，使人类稳坐地球上的统领之席，因而对自然肩负着更大的责任。在他看来，确立合理的人类中心主义伦理，建立自然保护的有力理据，就必须承认自然事物具有内在价值，因为自然事物本不是以人为目的而存在的。他认为，人类能借助工具和文明的道德手段，消化和转变自然并对其进行探索，必须修正人类文化并引导其发展方向，以生态学规律为指导来处理人与自然的关系。墨迪的人类中心主义是在承认人类依赖自然界存活的基础上，肯定万事万物之间的普遍联系以及所有自然物的价值。因此，只有全面理解人同自然与社会的整体性关系，才能从人与自然的和谐关系调节中摆脱危机。

(2)生物中心主义生态伦理

生物中心主义生态伦理认为，生态伦理不是分属于人际伦理，人类并不能从自身责任中找到对自然所承担的责任，而应该介于人的道德与自然界之间去探究，人类应将自然中所有具有天赋价值的生命都视为价值主体，而对自然加倍地呵护和尊重。生物中心主义超越了因为具有感受苦乐能力而使动物平等受到关心的动物

---

① NORTON B G. Environmental ethics and weak anthropocentrism [J]. Environmental Ethics, 1984, 6(2):131-148

权利论,将一切动植物纳入道德关怀的范畴,崇尚生物平等的生态伦理思想。

第一,敬畏生命的伦理思想。法国生态思想家阿尔贝特·施韦泽(Albert Schweitzer)认为,生命之间存在的普遍联系是敬畏生命的缘由所在,调节人与所有生命之间的关系,重新建构人类内部以及人与自然生命之间的互生和谐的秩序,成为人的道德直接目的,以此维护和保证人类及自然界一切生命的生存和发展。在敬畏生命的道德观念下,"善是保持生命、促进生命、使可发展的生命实现其最高价值"。① 如此对善的本质进行规定,敬畏生命的原则方能获得最普遍的绝对的合目的性。他将爱的原则延续到动物身上,即人类热爱动物,就有责任和义务保护它们,这种思想承认对动物的至善行为乃天然的伦理要求,只涉及人类社会内部关系的伦理学是不完整的。施韦泽提出的对一切生命都必须保持敬畏的态度符合生态科学的特征,标志着西方生态伦理思想的诞生。

第二,道义论的生物中心伦理。尊重自然的终极道德态度是以生物的固有价值为假设前提,以美国环境哲学家保尔·泰勒(Paul Warren Taylor)为代表,通过实现有机体自身的生命目的来展开的。泰勒认为,有机体作为生命的目的中心,通过内在统一的功能实现其自身的善而体现出内在价值。在泰勒那里,人类作为生物共同体中的普通成员,与其他生物是平等存在的,不应有物种之间的优劣之分,为了取得与人类的自由意志和道德自律能力等权利的平衡,应赋予其他生物一种生存和发展的自由。泰勒认为尊重自然的态度是道德代理人的一种意向,接受这种态度就应该履行相应的道德原则。面对人与其他生物的道德冲突时,泰勒强调把尊重生命与保护人类的利益彼此联结,将遵守伦理规范与尊重自然的态度相统一,根据规范原则构造一种理想的世界秩序,寻求非人类存在物的善和人类价值的完满共同实现。

(3)生态中心主义生态伦理

生态中心主义把道德共同体的范围从人类扩展到自然生态系统,而且更加重视提升物种和生态系统的道德地位,以使其获得整体性的道德关怀资格。生态中心主义不仅突破了人类中心主义,而且超越了动物解放——权利论和生物中心主义,向更高形式的阶段发展。其道德高度在于人类保护自然不仅因为人类自身的利益,也是尊重大自然应有的权利,因此,这种整体主义的生态伦理是彻底的、深层次的生态主义。

---

① 阿尔贝特·施韦泽.敬畏生命[M].陈泽环,译.上海:上海社会科学院出版社,2003:9.

第一，强调整体主义的大地伦理。从生态学的角度看，道德的实质是对生存竞争中行为自由的限制。人类成员在相互影响下组成的共同体作为道德前提，为利奥波德的大地伦理提供了坚实的科学基础。利奥波德观点的精辟之处在于，借助生态学所揭示的人与自然的存在关系和发展规律，使人类为了谋求生存利益而在生态规律的遵循下履行道德义务并奉守伦理准则，让其"要像一座山那样思考"，将伦理观照下的共同体扩展到整个大地——由土壤、水、植物、动物等组成的生态共同体，从而开辟出以生态系统、"大地"的健康和完善为尺度的整体论道路。利奥波德主张将道德关怀的对象扩展到包括生命体和非生命体的自然生态系统，如此，地球作为有生命的存在物就具有获得道德关怀的资格，生成人与地球之间一种新的伦理关系。

第二，实现生态自我的深层生态伦理。挪威哲学家阿伦·奈斯（Arne Naess）提出的深层生态学以生态整体主义为理论基础，认为人与自然具有平等的价值，深刻批判了浅层生态伦理的人类中心主义价值观念，其概括的"生态智慧T"（Ecosophy T）"不仅要求重新建构自然生态的平衡，而且更重要、更深层的是要重新建构人的精神生态、人格生态以及整个文明的价值生态的平衡"①。奈斯认为自然拥有独立于人而存在的自我价值，因而，人们应当坚持最大限度地自我实现原则以使所有生命获得最大的展现。从"本我"到"社会的自我"，再到"生态自我"的成熟阶段，"一个人达到的自我实现的层次越高，就越增加了对其他生命自我实现的依赖。自我认同的增加也就是和他人自我认同的扩大。……从原则'最大限度的多样性'和最大多样性包含着最大的共生这个假定，我们便可以得到原则'最大限度的共生'"②。由此，这种超越了"关系本位"和"自我本位"的"生态本位"伦理理念，以生命平等为前提使具有内在目的性的自然万物获得了生态的自我实现的权利。

第三，价值走向荒野的生态伦理。罗尔斯顿继承和深化了利奥波德的生态伦理思想，探掘出蕴藏于动物、生物乃至整个生态系统的价值，施予整体自然界以道德和价值含义，立足于自然价值论的机理构建了生态中心主义伦理学体系大厦，该生态伦理思想的核心是：肯定自然的内在价值，并在价值意义上顺从自然，从而引导出人类对自然应尽义务的结论。罗尔斯顿区分的大自然所承载的14种价值，其

---

① 樊浩. 伦理精神的价值生态[M]. 北京：中国社会科学出版社，2001：16.
② NAESS A. The deep ecological movement: some philosophical aspects [J]. Springer, Dordrecht, 1986(8): 10-31.

生态中心主义不但指出自然客观的内在价值,而且指向创造万物自然的生态价值。相对于自然的工具性价值,"自然的内在价值是指某些自然情境中所固有的价值,不需要以人类作为参照"①。可见,罗尔斯顿生态中心主义的伦理思想及内容是通过自然的内在价值和系统价值得以体现的。

综上所述,源于工业文明的全球性生态危机所产生的诸多西方生态伦理思想和流派,它们在理论形态、思维方式、价值取向、道德观念、实践落位呈现出一种多元主义的价值利益格局和实践发展走向的特征,在生态伦理的价值表现上具有一定的张力。人类中心主义认为只有人才是目的,主张人作为唯一的价值主体,只有人才能拥有权利和义务来体现其内在价值。现代人类中心主义在不反对自然内在价值的基础上,更加主张对人类的行为进行合理的限制,消解了人与自然的对立关系,并提倡人与自然和谐共存发展。而非人类中心主义认为,动植物乃至一切生命都具有目的性,自然界本身同样能够作为价值主体并体现其内在价值。可见,西方生态伦理的发展经历了一个不断扬弃和超越传统人类中心主义的过程。然而,这种发端于西方的生态伦理在生态哲学的反思下,显现出主客二分视镜下的理论缺陷与发展困境。在全球化工业经济发展背景下,现代化工业文明一路高歌猛进,使人类对地球的干预能力得到空前的提升,社会生产力激增的背后呈现的却是对自然资源掠夺和生态平衡破坏的不堪景象,能源枯竭、土地退化、环境污染、气候变化、物种灭绝等生态问题接踵而至,日益恶化的全球化生态危机成为困扰人类存续发展的梦魇,不仅引发了人与自然之间的非公正问题,还扰乱了人与人之间的平等关系。因而,生态伦理应当在化解生态危机的基础上形成并建立起相应的生态伦理理论体系。

我们认为,生态伦理是人类处理自身及其周围的植物、动物、环境和大自然等生态环境关系的一系列道德规范,通过保持生态系统的平衡,保护生物的多样性、保护并合理使用自然资源等行为规程,将生态道德的关怀对象由社会内部扩展到非人类的自然领域,这种基于自然整体主义的人类生态道德责任使命,坚持以生态理性为逻辑依据,企求颠覆人类中心主义伦理传统的道德意识形态,强调对影响生命存在状态的生态要素的关注,使人类对自然的认识、利用和改造,按照社会价值优先于个人价值的序列,加促道德关系超越人与人的限度而进入人与自然及人与社会的界域之中,在追求人与自然和解的过程中,实现自然生态的健康恢复,从而

---

① 霍尔姆斯·罗尔斯顿.环境伦理学:大自然的价值以及人对大自然的义务[M].杨通进,译.北京:中国社会科学出版社,2000:189.

寻求人类自身更适合的生存方式和发展环境。

本书所阐释的生态伦理,依循的是可能性的、复杂性的、动态生成的,而非计算性的、确定性的、固定不变的自然观,力图展现一种生机无限的、创化动变而难以逼近全部自然奥秘的超验自然主义的生机论图景;诉诸重建价值理性、端赖谦逊理性主义,而非纯粹工具理性、唯科学主义和技术主义的知识论,既要促进生态化的技术发展来保持地球自然的生态健康,又要立足于民生需求来确保物质财富的充足生产,满足保障人类生态安全的伦理调控手段需要,确立提高人们安全感、幸福感的发展观,进而导向一种超越物质主义而开启智慧力量以创造精神财富的价值观;依托整体主义的生态道德观而非个体主义的生态道德观,强化人对其所依赖的生命共同体的责任意识,使共同体中的生态权利回落于政治和道德,通过继承民主法治生态价值观的转变,加促减少污染、保护环境的政策规定的生态政治制度的引领和安排,由此,人类唯有维护自然以及遵循生态规律,才能在生命共同体展开的生态善目标性活动中,确立一种加倍珍惜自然、有效利用自然以及主动保护自然的责任伦理,协调与平衡各个生态主体间的利益关系以探寻互依互生、协同共进的和谐伦理秩序,基于彼此尊重、开放合作的伙伴伦理,力求实现人居生活环境的改善以及自然的健康可持续发展,最终达到人、自然、社会之间和谐共生的终极目标。

二、现代管理的生态伦理内涵及特征

本书所探讨的核心议题是生态伦理的现代管理价值,这就需要借助于生态伦理思想、理论、观点和方法对现代管理理论和实践问题予以解释,力图寻求现代管理的生态伦理化价值指向。现代管理是管理者通过对组织的系统环境、决策信息、价值观念、创新能力等进行动态分析,有效整合组织资源以实现组织预期目标并承担其相应责任的实践性活动,表现出一种高技术、全数据、整价值、可持续、人本化、诉和谐的理想取向,以及手段与目的高质量统一的综合协调过程。

从现代管理视角理解生态伦理就在于考察一种符合自然规律要求的社会道德关怀的管理模式,它主张以平等的生态价值观对待人与自然的基本关系,赋予管理工具、管理行为、管理职能、管理方法以公平正义、普遍共生、秩序效能、和谐发展原则融入管理目的之中,从而实现管理主体的健康生存和持续发展的过程。因而,现代管理要以人的生态性本质需求为切入点,确立管理在伦理意义上尊重自然的生态价值、环境保护的公平责任、代际发展的平等权利以及人与自然之间的和谐共生等价值取向,最终落实到人与自然的关系协调中。生态合理性意蕴为生态道德行为的正当性提供了客观性依据,从而在现代管理过程中表现出整体性、创新性、强制性、臻善性等普遍特征。

(1) 现代管理的生态伦理内涵

现代管理的生态伦理立足于人的生存和发展,以生态整体观为逻辑思维,强调追求社会的整体利益和长远利益,通过生态道德的自觉遵循,在限定的管理活动范围内凸显人的主体性,从生态维度力求管理生态秩序的协调和稳定,保证现代社会发展的绿色、公正、平等、高效,使现代管理主体在人与自然的和谐关系中达到健康、可持续发展的态势。

首先,生态伦理的现代管理逻辑思维是生态整体观,强调有机系统的整体平衡稳定。对不同价值主体的利益关系进行整体协调。贝塔朗菲(Bertalanffy)在《一般系统论:基础、发展和应用》中将系统看作"处于相互作用的各要素的集合体"[1]。人、社会、自然作为相互联系、相互作用的部分要素同样构成了一个整体性系统。为了使人能够从有限的自然资源中更好地谋求生存,认识和改造自然的过程应该结合生态学观点,包括生态系统各种要素相互联系和相互作用的整体性观点,生态系统物质不断循环、转化和再生的观点,以及生态系统物质输入和输出平衡的观点,来说明与生命有关的现象及其发展变化,揭示各种事物的相互关系和规律性,[2]不可再持有分割式的孤立思维方式,而应遵循事物之间的因果必然性规律,通过系统结构中的社会层次对自然进行合理的保护和管理,使"人—社会—自然"这个复合生态系统能够保持稳定和平衡。因此,生态伦理的现代管理是在系统论方法的指导下,用普遍联系的生态整体观来协调不同的价值主体和伦理主体之间的利益关系,引导社会系统与生态系统之间的协同效用,建立现在和未来之间的发展联系。

其次,现代管理的生态伦理是对存在于生命共同体中的价值关系和价值秩序的调整。生态伦理视域中的管理秩序,既包括人与人之间的社会秩序,也包括人与自然之间的生态秩序。从管理协调的属性上来看,人与自然之间的生态秩序内蕴并服务于人与人之间的社会秩序,就社会秩序而言,现代管理的社会属性蕴含着社会秩序调节的适应性,管理者的意志要在合理的限制下使行为符合人的自然性,对社会人际关系的协调必须符合对环境的社会性生态适应的要求,因此,现代管理应当着眼于人类发展的整体利益,主动承担起社会秩序的建构责任,保证社会生态发展的公平正义,提高社会关系的秩序效能。而就生态秩序而言,现代管理的自然属

---

[1] 冯·贝塔朗菲.一般系统论:基础、发展和应用[M].林康义,译.北京:清华大学出版社,1987:35.
[2] 余谋昌.环境哲学:生态文明的理论基础[M].北京:中国环境科学出版社,2010:282.

性又显现出生态秩序调节的客观性,以自然为协调对象的管理职能发挥必须要遵循自然生态系统的发展规律,使管理活动遵从人的生态本性。因而,现代管理必然要重视人类发展的长远利益,协调人与自然之间的和谐关系,通过加强生态系统的保护与恢复,维护由人与自然构成的生命共同体的美好环境与稳定秩序,从而满足社会的长远发展。可见,管理主体作为自然属性和社会属性相统一的生态主体,在相互促进的社会秩序与生态秩序的建构过程中蕴含着人与自然的生态关联性,并以伦理形式在价值关系和价值秩序的调整中体现出向善的价值旨向。

最后,生态伦理的本质意义在于通过道德限定控制管理活动的限度,使相互依存的人与自然达到协同共进的和谐目的。生态哲学的认识论认为,人类目前所掌握的知识适用于客观世界的局部范围,由人、社会、自然构成的生态系统具有丰富的多样性、混沌的复杂性、持续的变化性,同时,人对环境的计算能力和认知能力又是有限的,诚如诺贝尔经济学奖得主赫伯特·西蒙(Herbert Alexander Simon)所言,对人类认知系统的假设,叙述上更加简明的利润或效用最大化的理论比那种寻求满意的理论苛刻得多[1]。这即决定了人类不能盲目地将获得的具有局限性与相对性的科学知识当成是普遍的、绝对的永恒真理,而应将人的认识活动及对象性认识活动获得的认识限制在人的生存活动范围内[2],提出道德限定将管理活动控制在一定的限度内,凭借有界限的理性追求人与自然彼此适应的满意目标。这就要求管理主体必须从伦理的角度对待自然的开发与利用,在尊重自然的前提下,将管理行为的影响限定在地球生态系统的承载能力范围内,在管理实践中建立起保护自然资源的道德规范,既要避免涸泽而渔地攫取自然资源的挥霍性增长,又要摒弃轻环保重发展的破坏性逐利,使人和自然的固有利益与价值受制于生态平衡规律而体现出生态系的系统性价值,采取一种能够持续利用自然资源的发展模式,使人逐步适应在自然资源限定的范围内从事管理活动。这既遵循自然生态系统的客观规律,也满足人类存续发展的主观要求。

(2)现代管理的生态伦理特征

现代管理视域下的生态伦理,既不同于传统意义上的一般伦理,又具有管理实践意义上的普遍性质,在结构视角、伦理关系、作用方式、价值指向等多个方面,都具有独特的特征表现。

第一,结构视角的整体性。生态伦理在系统论的方法指导下,注重管理环境中

---

[1] 赫伯特·西蒙.现代决策理论的基石[M].杨砾,徐立,译.北京:北京经济学院出版社,1989:68.
[2] 栾贻信,洪斌.生态哲学的双重视角及五个层面[J].东岳论丛,2006(2):166-170.

各要素之间普遍联系,以及部分和整体的相互作用关系。这种整体性的结构视角不仅包括多学科知识体系的综合性理念建构,还包括多元主体全球视野的管理实践探索,体现了人们关切自身生存状态的一种整体性的认识视角和解决方式。在系统管理理论中,生态科学知识与生态文化理念都是为管理活动创造出更大价值的一种无形资产,生态伦理正是管理体系中的这种智力资本的广泛而集中的综合体现。在组织、环境、资源组成的一体化系统中,管理主体与新型的智力资源在以自然为中介的协调作用下,产生了组织与环境之间的相互影响,为现代管理的生态实践提供了价值准则、伦理依据和精神动力。随着全球一体化进程的日益加深,不同集团、阶层和国家出于自身的特殊需要,均对自然资源和生态系统表达出不同的立场观点,这就需要以一种整体价值观来协调各种利益主体。解决全球性的生态危机,不仅要形成各个国家和民族的价值共识,还必须在环境保护问题上建立合作关系,保证人类整体的可持续发展,以促进个体利益的实现。

第二,伦理关系的创新性。人与自然的伦理关系主要是围绕着环境价值观来讨论和研究的。人的社会属性决定了,"伦理关系"作为一种"合理的社会秩序中的关系"(黑格尔语),属于思想的社会关系。道德作为伦理学的研究对象,指人类管理活动当中崇善的价值导向和行为规范,其"本质蕴藏于社会关系之中,道德是一种特殊的社会意识形态"[1],由于自然界无意识更没有意志,传统伦理的社会内涵将人与自然的关系归结为一种价值关系。然而,人又作为自然存在物,人与自然物之间必然要发生一定的自然关系。随着人类对认识自然的系统性观念的深入,重审人与自然的伦理关系需要立于更为广袤的自然的据点,限定人在自然生态系统中的管理行为以保持生态平衡。生态伦理将自然纳入道德共同体,其道德范围的扩展就表现出对人与人之间利益协调关系的超越性。管理生态化倾向的过程即不断创造适宜的生存环境,用道德的方式调适人与自然的关系,使人与自然之间形成一种互存互利的关系,从而创建人、社会、自然的协调发展态势。

第三,作用方式的强制性。环境保护法律制度是现代管理的生态伦理强制性特征。传统意义上的伦理指人的品性、风俗、习惯,这种指导人的行为的一系列观念和规范一般是自然形成的,主要强调的是社会关系维护的自律性,即通过舆论调控和文化教育而坚定社会公众中的内心信念,从而自觉主动地遵循公认的道德准则和行为规范。尽管,传统伦理也包含"他律"的因素,但主要还是以自觉和内省

---

[1] 罗国杰.伦理学[M].北京:人民出版社,1989:46.

的方式对主体的需要及行为进行自我限制、自我约束与自我调节。生态伦理除了作为自身道德品性和衡量尺度的个人伦理观,作为一种非正式制度还对生态法律法规等正式制度起着伦理支撑作用。由于生态问题的复杂性和紧迫性,生态伦理在解释和指导现代管理实践中不能仅限于倡导与鼓励,更要体现在管理主体通过干预、控制、约束的"他律"方式使生态伦理原则和规范被无形地强制执行,保证个人在自然环境中的交往行为符合社会共同体对公共利益的政治公正需求。

第四,价值指向的和谐性。现代管理的价值合理性必须以人的生存和发展为依据。生态伦理的现代管理认识和实践正是以人为核心,使人的管理行为遵循自然生态系统的发展规律,以满足人对自身生存环境的改善和自由而全面的发展的需求。这种对崇善的和谐的价值追求,不但要恢复并维持生态平衡以实现人与自然的和谐共生,还要协调多元利益主体之间的矛盾来保持社会秩序的和谐稳定。将现代管理的自然属性和社会属性有机地结合起来,使管理职能体现生态正义的价值指向以推行和谐管理,不仅符合我国现阶段的发展要求,也是世界经济社会发展的必然趋势。构建生态和谐的组织文化,可以产生尊重人、关心人的良好氛围,形成和谐的人文环境和激励机制,使组织的管制和命令转化为机体的内部动力与成员的自觉行为,从而有效提高组织绩效。

三、多学科视角的生态伦理属性

生态问题的全球性,决定了生态伦理的价值理念对政治学、经济学、社会学等领域的广泛影响,同时为认识和改造自然的管理实践活动积累了丰富的理论资源,具有积极的启示意义。政治学领域对生态伦理的关注主要源于环境正义运动的兴起,在政治与生态道德的价值同构过程中,体现为政治行为的正义性、生态政治的民主化以及政治权力与生态道德的共生性。经济学领域的生态伦理转变诉诸生态经济学中,强调生态经济协调发展,追求绿色经济的可持续发展。社会学领域的生态伦理协调体现在社会进化过程中,基于环境的适应寻求社会系统的平衡稳定,以生态学的方式通过道德重建来实现自然和社会的和谐关系。

(一)政治学视角:基于政治权力的生态伦理属性

公共领域的政治主题伴随时代的发展而不断地变换,全球生态危机的加剧使人与自然的关系趋于紧张。"环境问题成为社会的中心问题,它推动环境政治学和环境伦理学研究的出现,一门新的政治学——环境政治学,一门新的伦理学——环境伦理学在环境运动中产生了"①。生态环境问题的解决诉诸公共选择的政治学转向,就是要在经验领域中创建有利于人的生存环境改善的政治秩序,使政治实践满足生态伦理的合理性要求。

1. 政治权力的生态正义向度

政治思想可追溯至古希腊时期,是属于城邦的人对有关城邦事务的积极参与。在柏拉图的理想国里,城邦建立的本质是通过合作更好地满足每一个人的需要,而对于最大的善——幸福的追求是城邦得以存在的原因。"我们建立这个国家并不是为了某一阶级的单独突出的幸福,而是为了全体公民的最大幸福;因为,我们认为在一个这样的城邦里最有可能找到正义,而在一个建立得最糟的城邦里最有可能找不到正义。"②正义作为寻求社会整体利益的保障,体现出人们创建城邦的根本目的,将政治管理延伸至国家的公共物品,运用政治权力对资源和环境进行管理,生态伦理的首要政治管理价值就是政治权力关于环境善的合法性表达,在某种程度上,柏拉图所追求的理想国为小国寡民营造了一个生态环境友好型的城邦国家。"城邦本来是一种社会组织,若干公民集合在一个政治团体之内"③,追求"善业"和"优良生活",这种人为创造的组织和制度在与生态道德的价值建构上,并非仅局限于个体公民对生态道德品质的提升,更普遍化为全体公民对整体环境至善的政治向往。在政治共同体遵循生态道德的至善过程中,"尽管这种善于个人和城邦是同样的(价值目的),城邦的善却是所要获得和保持的更重要、更完善的善。因为,为一个人获得这种善诚然可喜,为一个城邦获得这种善则更高尚,更神圣"④。国家的环境善物与每一位公民的幸福休戚相关,政治管理对生态正义的实现为生态伦理的公平原则提供了合法性保障。唯有促进环境善的政治权力才能获得社会公民的合法性支持,体现出政治权力运用的生态正义性。

2. 生态伦理的法治化管理

政治管理中的法治,意味着以人民主权为政治主旨,法律制度必须切实代表人民群众的根本意志和权利,使其成为国家政治和社会治理的根本依据。政治管理中的现代法治精神强调的是"法律的统治",而非"依法统治",即法治管理更应该被理解并运用为一种国家发展的模式和社会进化的状态,而不仅仅是一种治国的管理手段或推行统治的管理工具。这是由于人民群众作为现代法治的主体,追求

---

① 余谋昌.公平与补偿:环境政治与环境伦理的结合点[J].文史哲,2005(6):5-11.
② 柏拉图.理想国[M].郭斌和,张竹明,译.北京:商务印书馆,1986:133.
③ 亚里士多德.政治学[M].吴寿彭,译.北京:商务印书馆,1965:122.
④ 亚里士多德.尼各马可伦理学[M].廖申白,译.北京:商务印书馆,2003:6.

的是天赋人权、公民权利、人民主权、契约自由、防止滥用特权等主体价值和主体意识,从而使法治成为实现国家治理的正当性根源以及人民群众所追求的生活目的。相对于古代专制政治的"人治",法治政治的管理模式更能够体现道德的意义。古希腊政治哲学家亚里士多德在其所著的《政治学》里认为:"法治应当优先于一人之治。"①这是由于,人治的政治管理方式中政府领导人的权力不受法律约束,道德屈居于政治权力之下难以发挥作用,比如君主专制时期,法律就变成了主权在君的皇权附庸,道德也成为权力者统治下的附属物。而法治政治是对人民主权的保障,使得人民能够安排权利关系并对统治者加以控制,确保任何组织和成员都不能逾越法律。生态伦理法治化的管理价值是要实现人与自然和谐共存、可持续发展的理想目标,因此,将追求生态优良的生活作为生态伦理的政治管理基点,生态法治建设必须秉承"科学立法、严格执法、公正司法、全民守法"的法治原则,才能使生态伦理在法律的框架下引导人类创造生态和谐的生活。

3. 生态政治的民主化参与

生态环境问题关系每一个公民的切身利益,政治公共领域已呈现出生态化的普遍之势,形成了公众参与的生态政治特征。在民主社会中,生态政治的民主式参与是政府对于公民的生态权利和义务做出的一种秩序性安排,公民积极地参与环境保护运动、政党的运行以及公共政策的制定,是维持政治制度的开放性和政治行为的合法性的有效手段,限制权力被利益集团垄断在少数社会权贵的手中,从而在公共权力服务公共利益的过程中,保证公民的社会平等,促进公民互惠合作的稳定与和谐。公民参与民主协商是通过不断学习、实践来确立民主主体的生态公民身份并发挥其引领作用的,对自然的理解也经历了"从敌人到榜样,从榜样到对象,从对象到伙伴"②的嬗变过程。这种民主化的发展进程不仅需要政府面对环境污染的倒逼现实,更要求满足社会大众对优美生活的期望。实现清洁的水源、干净的空气、安全的环境、健康的生活等公共管理目标,不能仅依靠法律、政策等刚性制度的保障,归根结底仍要将伦理道德规范和价值观念变革内化于普罗大众的普遍认知,并外显于政治管理活动的民主参与。生态政治的民主化参与结束了少数人对多数人的操纵支配,赋予公民充分的独立自治权,发动整个社会参与政治权力分配和责任承担,使公民由被动对象转为管理主体,有助于提高政府治理的有效性。

---

① 亚里士多德. 政治学[M]. 吴寿彭,译. 北京:商务印书馆,1965:171.
② 汉斯·萨克赛. 生态哲学[M]. 文韬,佩云,译. 北京:东方出版社,1991:33.

(二)经济学视角:共生和绿色的可持续性经济管理

经济发展是政治、文化、环境等一切社会活动的物质基础,促进经济社会的生态协调管理以发挥经济基础的支撑性作用,必须融入生态可持续的考量,保证经济的健康和可持续性发展。无论是国家经济政策的宏观调控,还是企业的生产、分配、流通等各个环节的道德约束,以及个人的消费观念和生活方式的道德选择,都需要遵守一系列生态伦理的基本原则和行为规范,对经济活动进行约束和调节,保证人们对利益的追求和实现符合生态伦理的合理性要求。

1. 生态经济发展的共生性管理

作为经济体的企业,利润是其维持生存的必要基础。然而,在追求利润增长的过程中,获得经济效益和从事环保活动往往被视为相互排斥的关系,使得企业在这两种价值选择中,往往顾此失彼、轻重失衡,甚至是以牺牲生态利益来换取经济增长的利益。世界银行发展报告指出了将经济发展和环境保护简单对立的错误观念,认为两者之间存在相互依存、相互促进的关系:没有充分的环境保护,发展就会遭到破坏;而不发展经济,环境保护也将难以为继。① 在工业企业的生态系统中,实现经济的可持续发展需要遵循共生原理,寻求企业之间及内部的动态均衡的协调状态,以互利共生的管理目标为驱动力,满足生态化的发展要求。生态工业经济的共生性管理,首先确立了由各工业企业为主要组成单元的开放式的共生性管理系统。该管理系统以生态和经济的协调发展为整体性的战略布局,以企业为子系统的共生体之间又具有相互融合的趋势,通过技术方面的改革创新,实现共生管理系统的生态化协调发展。其次,共生性管理系统的各个企业之间形成了兼具合作与竞争的共生性组织关系。在共生管理系统中,企业之间提高互补认知的全面合作,并遵循市场经济规律,通过竞争创建共生的差异化格局,促使企业间生态化协调的互动关系日益密切。再次,生态工业企业的共生性管理系统运用互动互利的管理模式。共生性管理系统的工业企业之间必须建立充分信任与尊重的合作基础,才能通过物质能量的不断交换实现共生单元的互动,按照低消耗、低成本的生态原则,以互利共赢为管理目标,推动经济的可持续发展。最后,生态工业经济的共生组织之间需要相互协调以维持均衡的管理状态。共生性的工业企业之间的相互协调,遵循动态均衡的生态化协调原则,使注重投入产出的数量协调比例关系合理,强调效益统一的质量协调保持动态均衡,通过共生性的协调管理职能,追求生

---

① 世界银行.1992 年世界发展报告:发展与环境[M].北京:中国财经经济出版社,1992:25.

态经济的可持续发展。

2. 追求高质量发展的绿色经济管理

20世纪中期以来,全球工业化在与日俱增的能源消耗中得到了空前发展,同时也带来了生态系统的破坏、大气污染的加剧、废弃物的危害以及生物种类的锐减。1989年,在人类生存的家园面临生态灾难重围的背景下,英国经济学家皮尔斯在《绿色经济蓝皮书》中首次提出了"绿色经济"的概念。经济学界认为,绿色经济是以保护和改善生态环境为前提,以节约并充分利用自然资源为主要内容,以经济、社会和环境协调发展为增长方式,以可持续发展为目的的一种平衡式经济形态。传统经济发展过度侧重经济规模的扩增,欠缺质量提升意识,规避外部效应损失,单纯追求经济发展中物质数量的最大增幅。相对而言,绿色经济把环境资源作为经济发展的内在要素,对经济增长的质量和发展成本进行综合考虑,将资源消耗成本、环境保护与退化等生态成本纳入经济核算体系中,更客观地反映出经济发展水平和可持续发展程度,追求代表增长数量和质量的国民净福利的最大化。环境库兹涅茨曲线(EKC)表明,随着人均收入水平的提高,人们会产生高环境质量需求,并在环境压力的不断强化下通过环境规制的主动接受,带动经济结构的转变。[1] 绿色经济增长的实质已不再片面追求人的物质占有能力和规模,而是关注人的生活质量的提高,以生态伦理观引导和改变生产与生活方式的绿色化实践,完善人的社会福利,把经济规模控制在资源可回收利用和环境可承载的范围之内,通过生产力要素的绿色技术创新来增强生态产品的生产能力,使生态生产力更长效地促进经济的增长,为人类提供生态优良的产品和服务,从而实现绿色经济管理的高质量目标。

(三)社会学视角:社会结构的生态化转型

社会学视角的生态伦理思考的是以道德观念的变迁与影响来协调和促进社会的生态化发展。日本社会学家富永健一指出:"所谓社会结构,可以定义为:构成社会的如下各种要素间相对恒常的结合。这些构成要素可以从接近个人行动的层次(微观)到整个社会的层次(宏观)划分出若干阶段,按照从微观到宏观的顺序可以排列为角色、制度、社会群体、社区、社会阶层、国民社会。"[2] 因而,社会结构的生态化转型可以按照微观、中观、宏观层面加以区分,并从社会公民道德的生态化建设、

---

[1] 苗艳青.生态·健康·经济协调发展论[M].北京:中国环境科学出版社,2012:51.
[2] 富永健一.社会结构与社会变迁——现代化理论[M].董兴华,译.昆明:云南人民出版社,1988:19-20.

社会制度管理的生态伦理规制、社会区域结构的生态均衡调整等方面展开阐述。

1. 社会公民道德的生态化建设

传统社会伦理的道德崇高在于突显人的理性和意志,但未能与人的生存发展实践紧密地结合。社会生态危机的现实迫使人们深刻省思反生态的生存方式和伦理道德,由此,社会公民道德的生态化建设就成为解决生态环境问题不可或缺的社会管理方式。如果说,库利(Cooley)的"镜中我"理论是经由观察他人而反映自我的观念和行为,社会则是通过"自然之镜"来照出灵魂的善恶美丑。生态道德属于生态伦理学范畴,学界对其概念的界定至今尚未统一,但核心观点主要包括人在与自然交往过程中对待生态环境的道德意识和态度、行为规范、评价体系。这种依靠社会习俗和生态信念来调整人与自然之间道德类型,转变了现代管理的思维方式和价值观念,体现出人对待自然环境时所应承担的道德义务。一方面,生态伦理为社会公民的生态觉悟提高提供了伦理基础。生态道德的生态化建设是通过社会道德转向生态化方向发展,并将其内化为个体道德品质和行为准则以适应社会的调整过程,它将道德关怀对象范围由人推及自然环境,实现了社会公民生态道德觉悟和素质的提高。另一方面,生态伦理为社会公民履行生态道德义务提供了伦理依据。生态道德终究是以全体公民为主体,让社会公民在道德觉醒中自主地进行道德判断和道德抉择,并使其尽履生态道德责任和义务,以解决人的生态平衡、发展均衡以及资源分配公平等社会管理问题。

2. 社会制度管理的生态伦理规制

就社会结构的制度层面而言,制度包括正式制度和非正式制度,即法律制度和道德规范,因而,生态化的社会结构制度体系应该包括生态法律制度体系和生态道德规范体系。依据生态法律制度体系进行社会管理,能够体现出法律强制性的控制和干预作用,在社会结构生态化转型的制度管理过程中,保障生态伦理价值观念的有效落实。同时,完善生态道德规范体系,在生态良心的道德感召下,通过社会舆论、风俗习惯、内心信念来规范和控制人们对自然生态环境的行为,发挥生态伦理在现代社会扬善抑恶的生态管理职能。可见,完善生态法制建设,既需要刚性的制度管理来约束和规范人的外在行为,对违反生态法律制度的行为进行严厉惩戒和制裁,还需要柔性的道德赏罚来调整和绿化人的内在思想,激励并引导人们明辨环境善恶,做到软硬兼施、内外并蓄,将生态法律体系和生态道德规范体系有机地结合起来,注重生态道德权益和生态道德责任的相互统一,最大限度地增进社会公共福利,不断完善社会管理中蕴含和谐生态伦理价值的良性制度,促进社会结构的生态化发展转向生态善治的管理模式。

3. 社会区域结构的生态均衡调整

按照社会空间结构和地理区域的划分,社区区域结构的生态均衡调整主要从乡村区域和城镇区域两个层面展开。首先,加快社会区域层面乡村发展建设的生态化转型,必须在国家、农民和社会资本力量的互动协同中发挥耦合作用,激发乡村生态化转型的活力,构成乡村建设的协和动力。对管理要素的投入进行协调,既要注重生态法律政策的导向作用,又要重视生态伦理文化教育的支撑作用,使农民成为生态伦理价值观的倡导者和践行者,推动乡村生产生活的生态化转型。其次,推动社会区域层面的城镇生态化发展进程,必须重点解决城市工业化污染问题。在城市发展规划的管理目标上,注重提高城镇居民的生活质量,重塑正确的生态幸福观,将经济增长、生活质量、良好生态、发展机会都纳入城市发展的管理目标,秉承城市发展与自然生态和谐共生理念,以促进社会结构城市区域的生态化转型。在城市资源利用的管理方式上,应采取集约化方式提高能源资源的利用效率,通过循环化实现能源清洁使用,杜绝盲目过度开发,避免造成资源浪费,合理化分配并使用能源资源以提高利用效率。在城市产业结构的定位上,各地区应树立起大局观,以差异化的产业布局优化城镇生态环境,保证城市之间的功能定位和产业分布互补互益,从而实现全国范围内城镇结构的统筹、均衡、协调、整体的生态化转型。

四、现代管理的生态伦理基本规定

现代管理在获得物质经济快速增长的同时,带来了日益严重的全球生态环境问题。现代管理的生态伦理正是当代生态危机和环境革命的产物。要想解决好生态环境问题,就必须同时处理好人与自然之间的关系、当代人与后代人之间的关系,以及当代人之间的关系。现代管理发展对上述这几种关系的调整需要以生态伦理的价值理念和道德原则为依据,融入决策意识并转化为理想信念和价值取向,在公正的舆论和行为导向下,最终实现人与自然生态环境、社会生态环境之间的和谐共生。这种对关涉人与自然关系的管理行为进行规导和约束的形式,从整体视角的生态思维出发,既重视生态系统中各价值因子的价值平等,又重视各价值因子的内在而普遍的关联;既重视各生态价值因子的共生互动、互依互补,又重视生态整体价值的合理性。[①] 生态伦理在管理中的价值合理性就在于经由对关联的、变化的、辩证的方法运用,既要保证当代人满足或实现自己的需要,还要保证后代人

---

① 樊浩,成中英.伦理研究(道德哲学卷·2006)[M].南京:东南大学出版社,2007:446-453.

也能够有机会满足他们的利益需要,使人的基本需求得到最大限度满足的同时,注重人的全面发展程度的提高。生态伦理以生态系统的稳定平衡、生态环境的保护利用、生态正义的代际平等为基础,通过理性引导、道德育化和人格重构为管理理论和实践活动提供伦理支持,从而更好地促进现代管理目标的有效实现。

(一) 生态伦理的价值理念

生态伦理的价值理念主要包括自然价值理念、动物权利理念和生态正义理念。非人类中心主义的生态伦理更倾向于从理论上阐释人与动物自然权利的平等或具有同等的内在价值等价值理念,这导致生态伦理缺少对管理实践的现实关注。因而,从聚焦于环境污染和生态破坏产生的人与自然之间的不和谐,到强调生态环境保护实践中权利和义务的不公正,为全球性环境利益在社会不同群体之间的协调提供了分配正义的价值维度。生态正义从人类社会与自然环境相互影响和彼此制约的管理活动中,对有机统一的生态共同体应当履行自己对待所有成员的环境义务,促进人与人、人与自然之间的关系和谐。

1. 自然价值理念

西方生态伦理学理论发展中,罗尔斯顿首先提出了完整的自然价值理论。传统伦理学的价值论逻辑把人看作唯一具有内在价值的价值主体和评价价值的唯一尺度,而自然价值理论以非人类中心主义为基础,将价值转向包括整个自然生态系统的荒野,认为人类和所有生命体同样属于自然生态的一部分,并且自然中的任何生命体都有其自身的固有价值。这种自然价值作为物种之间以及物种与自然生态之间相互作用的自然属性,表现为独立于人而存在于自然生态系统中的普遍联系或客观规律。"自然系统作为一个创生万物的系统,是有内在价值的,人只是它的众多创造者之一,尽管也许是最高级的创造物。自然系统本身就是有价值的,因为它有能力展露(推动)一部完整而辉煌的自然史。"[①]因而,自然的工具价值和内在价值都客观存在于自然生态系统中并取决于这种自在的系统价值。尽管,自然价值受到了人类中心主义的批驳,然而,自然内在价值的理论论证终归是要唤起人们的生态意识以及对自然物的道德感,表达了在改造自然的管理实践中人应当对自然履行保护义务的诉求。

2. 动物权利的价值理念

在20世纪60年代掀起的第三次环境保护运动热潮中,全球性生态危机加促

---

① 霍尔姆斯·罗尔斯顿.环境伦理学:大自然的价值以及人对大自然的义务[M].杨通进,译.北京:中国社会科学出版社,2000:269.

了人们该如何对待生物和自然的反思,动物作为地球自然生态系统的一部分,能否具有与人一样的平等权利。辛格(P. Singer)为动物解放所提供的道德根据认为,动物跟人一样具有感受痛苦和快乐的能力,满足了享有个体利益的前提条件,因而人类应该把道德关爱的范围扩大到动物身上,把自由、平等和博爱等原则贯穿至动物的生活中。雷根(T. Regan)则基于赋予动物以生命主体地位,为动物权利提供了另一种道德根据,他认为:"所有作为生命主体的个体都平等地享有这个地位。因此,生命主体标准划定了我们关切的所有道德主体和道德病人共有的绝对地位。"①动物和人一样作为生命主体具有天赋价值,并拥有获得尊重的平等权利。应该说,在管理活动中主张动物权利,把对动物造成的伤害控制在最低限度内,根据人类的非根本性利益影响做出适当的让步,对于构建人与自然的和谐关系具有积极的意义。

3. 生态正义的价值理念

生态正义在学界仍存有争议,有学者从三种层面对其进行了阐释:一是人类社会内部的正义,与环境正义同义,是狭义的生态正义,即坚持所有人在享有生态利益和承担生态责任上被公平对待的原则,抑或指生态利益和生态责任在当代人之间、当代人与后代人之间应该实现分配正义;二是人与自然之间展开的正义,即要从人类对自然享有的生态利益与承担的生态责任对等;三是人与人、人与自然之间的正义,涵盖了前两种正义,是广义的生态正义。② 因而,生态概念具有跨时空的特征,决定了生态危机的影响不受人为划分的时空的限制,并且组织依赖自然资源以获求生存和发展成为普遍性的管理活动开展的基础,这种客观性的作用关系要求从广义的角度对正义加以理解才能建立起人对自然的道德责任感和义务感。而狭义上的生态正义,则更多地指向具有差异性的不同管理主体间的环境正义,强调保障所有人民的基本生存和自决权,需要根据正义的价值观构建一种正义的分配制度来协调不同国家、不同地域、不同群体之间有关生态利益和责任的冲突。

(二)生态伦理的基本原则

现代管理的生态伦理以生态学为认知基础,从环境保护、资源合理开发、社会公正的管理实际入手,强调各种管理主体在生态平衡系统中的自我限制和相互协调,遵循对生命和自然的尊重、生态利益和责任的平等、社会发展和生态环境和谐

---

① 汤姆·雷根.动物权利研究[M].李曦,译.北京:北京大学出版社,2010:206.
② 徐海红.历史唯物主义视野下的生态正义[J].伦理学研究,2014(5):22-27.

共生的基本原则,为解决自然资源的合理开发和利用、环境保护责任的平等、环境享有权利的公正以及建立人与自然的和谐关系提供了前提与保证,从而引导并推动管理伦理观念的变革和生态道德实践的深化。

1. 尊重生命和自然的原则

现代管理的生态伦理应遵循尊重生命和自然的原则。生态的世界观与方法论使管理主体的认知模式向系统的整体意识与开放的生态方向转化,使现代管理的视野扩展到了整个生命界,更为关注自然的生态恢复与平衡。所有的生命存在形式对于管理主体来说,不仅作为维持生存的条件和被利用的资源而体现出工具性价值,从生态系统平衡的生物科学管理要求上,保护自然的生命力和生物的多样性,更应当保持敬畏和尊重以体现出生命和自然的内在价值,在维护生态系统平衡的过程中为社会的长远发展保持资源的持续性输出和供给。生态规律独立于人的意志,现代管理只有在不违背生态规律的前提下,使个体的合理利益成为自然整体利益的有机组成部分,才能够免受自然的惩戒以实现更大自由范围内的价值目标。因而,管理的实践主体在伦理观念和行为准则的变革中,必然要经历一个主观与客观、个体与整体、必然与自由的对立统一过程。

2. 利益和责任平等的原则

现代管理的生态伦理应遵循利益和责任平等的原则。管理活动不仅兼顾各种主体的正当利益,还要明确自身在生态环境方面的道德义务,以保证发展需求的可持续性。一方面,发达国家通过全球大量资源和能源的攫取与消耗来维持奢华的生活,无限度地追求经济利益和物质享受,而欠发达国家则迫于温饱以拼命向自然索取和危害生态的方式来维持基本生活需求的满足。另一方面,对于同一国家内的不同阶层,环境利益和负担的不公正分配往往集中体现在社会的弱势群体身上,"几乎所有的社会都把负担分给处于最不利地位的人"[①],使其可获得的资源更少,生活环境的破坏更加严重,从而陷入了环境贫困和经济贫困的恶性循环之中。因此,现代管理在满足不同主体的合理利益需求的基础上,在资源利用上不仅要对社会、后代、自然承担责任,更要注重承担环境保护责任的公正平等,区别性地确立和担负环境责任,充分考虑到伙伴主体的利益和需要,不能以损害其他国家和地区的发展为代价,并且要维护弱势群体的资源与环境权益。

3. 环境和发展协调的原则

现代管理的生态伦理应遵循保护和发展协调的原则。《寂静的春天》的问世

---

① 戴斯·贾丁斯.环境伦理学[M].林官明,杨爱民,译.北京:北京大学出版社,2002:271.

唤醒了人类的环境意识,发展与环境一度陷入僵持的局面。要化解两者之间的冲突,必须打破人与自然之间的对立观念,认识到环境与发展之间的相互协调性,把经济发展与环境保护统一到人的需求中,形成人与自然和谐发展的新格局。我国生态治理的战略实施,必须纠正以往的错误思路和发展策略,既不能走发达国家"先污染、后治理"的经济社会发展模式,不计生态成本和代价地满足少数群体和个别人的眼前利益,将生态管理与经济发展对立起来,更不能主张消极地停止发展,以遏制经济增长的方式消除环境的污染。发展作为21世纪时代主题之一,需要在经济发展模式、资源开发利用和环境保护等问题上形成共识。党的十九大报告确立了"必须树立和践行绿水青山就是金山银山"的生态伦理指导理念,在国家发展的"五位一体"总体布局中也指明了经济、政治、文化、社会与生态之间的辩证统一关系。只有将生态化的管理理念、体系、方式、过程、效果融入现代管理的各个方面,促进人与自然之间的生态和谐关系,才能满足人的全面协调的可持续发展需求。

(三)生态伦理的理论基础

纵观古今中外,生态伦理具有丰厚的理论资源,中国传统哲学主张万物齐一、道法自然的"天人合一"思想、生态马克思主义理论开辟出别于生态改良主义的批判路径及研究资本主义生态危机,可持续发展理论强调人与生态环境的协调关系,这些理论观点均从不同角度与生态伦理之间建立了密切的联系,为创新与建构现代管理的生态伦理奠定了坚实的理论基础。

1. "天人合一"思想

人类自从依附自然生存、依靠自然发展,就开始了对人与自然的关系从认识到了解直至形成观念的过程。中国古代生态伦理观早在崇拜自然时期,就已阐明了天地与万物的关系。荀子说"天地者,生之本也"[1],孟子说"天之生物也"[2],皆认为万物生于天地。古代先哲对于人与自然关系蕴含着原始视野下的朴素自然价值论。随着实践与认识能力的提高,人们进入顺从自然的时期,对人类在自然中的地位又形成了辩证的生态实践观。庄子首先提出"天地一体"论,将人置于天地的统一整体之中,认为"天地与我并生,而万物与我为一"[3],集天、地、人、万物于一体,为"天人合一"理念奠定了平等的生态伦理观基础。在对自然的认识态度上,先贤

---

[1] 引自《荀子·礼论》。
[2] 引自《孟子·滕文公上》。
[3] 引自《庄子·齐物论》。

哲人普遍承认自然的内在价值,尊重自然物的固有本性,表达出自然权利上的物无贵贱、物我齐等的价值取向。

"天人合一"作为中国传统哲学思想,儒、释、道各有阐释。其中,道家对"天"的理解多指自然、天道。古人通过观察和实践认识到,自然运行有着自身固有的规律,且不以人的意志为转移,人要平安,国家要稳定,必须遵循自然生态规律。老子在《道德经》中提出的"人法地、地法天、天法道、道法自然"①的生态哲学思想,世上万物只有各司其职、各尽其能,才能在自然界中共同生存发展。老子提倡从朴从俭,反对奢侈腐化,以减少人类对自然的人为干扰和破坏,认为维护自然的平衡与发展、保护万物生存,就是善待人类自身。庄子继承了老子的思想,认为人是自然的一部分,天人本是一体,天与人的分隔乃人类文化使然,因而,他倡导绝圣弃智、返璞归真,从而达到天人相融的本然境界。西汉的董仲舒继而提出"天人之际,合而为一"的主张,明确了人与自然和谐交融、互相依赖的道德观念。古代先哲的"天人合一"的思想理论从自然和人伦意义,提倡遵循自然规律办事,反对人为破坏自然,这对保护人类的生存环境起到了积极的作用。

2. 生态马克思主义理论

"生态马克思主义"(the Ecological Marxism)最早于1979年由美国得克萨斯州立大学教授本·阿格尔提出。20世纪90年代以后,全球性生态环境危机的爆发,引起了学者们对马克思主义生态学思想的重视,生态马克思主义思想得到了国内学术界的接受和认可。随着生态马克思主义者对全球化生态问题的理论研究,奥康纳提出双重危机理论,促进了生态社会主义理论的创建。

马克思主义从生产领域总结资本主义经济危机产生的基本矛盾,即生产社会化与生产资料私有制之间的矛盾,这就决定了资本主义生产力扩大与劳动者购买力相对缩小之间的矛盾,以及个别企业生产的有组织性与整个社会生产的无政府状态之间的矛盾。莱易斯和阿格尔认为,资本主义通过自身的调整和完善,缓和了社会基本矛盾而得以继续存在和发展,用生态危机理论取代经济危机理论才能为资本主义批判和转型提供解释与指导。而导致生态危机的直接原因是对奢侈品消费的异化的消费观念和方式,只有调整无产阶级的需求观和价值观,才能符合社会主义的生产管理模式的变革要求以消除生态危机。奥康纳在继承上述生态学马克思主义理论的基础上,对马克思主义存在的"理论空场"进行了补充,提出了资本

---

① 引自《道德经》第25章。

主义的第二重矛盾——生产的无限性与生产条件的有限性之间的矛盾,认为资本积累以及由此造成的全球自然资源、能源开发的不平衡发展,构成了全球性的生态危机。"在资本主义经济中,利润既是经济活动的手段,又是经济活动的最终目的"①,对于自然资本化的影响,奥康纳认为,历史唯物主义应遵守自然对历史发展的制约性,资本主义的危机必须从生产过剩的需求层面和发展不足的成本层面,基于资本积累和生态危机重新建立生产力、生产关系与生产条件之间的关系,整合资本生产不足和生产过剩的双重危机,才能实现向社会主义的转向。

值得注意的是,马克思主义阐述的劳动价值论包含了为人类生产劳动提供物质资料的自然属性,共产主义社会所强调的使用价值和自然内在价值、生产和消费方式、民主和平等的社会结构均与生态学的原则和价值观念相符,对更为广泛的人与自然以及人类社会内部的管理实践而言,其"共产主义社会所具有的生态意义远远超出以往公认的评价"②。生态马克思主义继承和发展了马克思主义对资本主义的批判精神,为解决资本主义的生态危机,加快生态社会主义的建立具有深远的理论意义。

3. 可持续发展理论

1972年,联合国人类环境会议通过了"联合国人类环境会议宣言",改善人类环境并造福后代的倡议产生了可持续发展思想的萌芽。1987年,世界环境与发展委员会在《我们共同的未来》报告中指出:"可持续发展是既满足当代人的需要,又不对后代人满足其需要的能力构成危害的发展。"③1992年在巴西里约热内卢召开的联合国环境与发展大会上,《21世纪议程》等文件的签署标志着可持续发展由人类共识理论转向全球发展战略。可持续发展理论内容极其丰富,可概括为三个方面:"第一,经济可持续发展。可持续发展以经济增长为前提,以国家富强和满足民众的基本需求提供永久的经济支撑为目标。经济增长不仅包括数量或经济总量的增长,还包括经济结构调整和经济质量的改善。第二,生态可持续发展。可持续发展要以保护自然为基础,与资源和环境的承载能力相协调。保护自然就是保护生产赖以生存的物质基础,也就是保护可持续发展的物质基础。第三,社会可持续发展。可持续发展以改善和提高人的生活质量为目的,与社会进步相适应创造美好的社会,服务于人类生活质量的提高。"④这三者形成了相互联系、相互制约的复合

---

① O'CONNOR J. Natural causes [M]. London:The Guildford Press, 1997:124.
② BURKETT P. Marx and nature: A Red and Green Perspective [M]. New York: St. Martin's Press, 1999:14.
③ 世界环境与发展委员会. 我们共同的未来[M]. 王之佳,等译. 长春:吉林人民出版社,1997:80.
④ 黄志斌. 绿色和谐理论:生态时代的管理哲学[M]. 北京:中国社会科学出版社,2004:116.

系统。

传统的可持续发展实质是西方近代工业化发展追求持续的经济利益最大化并推动全球最发达的现代化进程。这种以"发展"为中心而弱化了"可持续性"限制的发展范式,偏向于经济的持续增长,忽略了生态整体的可持续性,对可持续发展理念的现代性误读沿袭了人类中心主义的狭隘视域,必将导致生态环境的持续恶化。现代管理的可持续发展理念应当是针对人的生态伦理认识缺位和行为失当而采取的一种有节制的理性的规范和限制,必须把环境的稳定置于优先地位,在管理中对环境需要的能力加以限制,注重生态正义和资源公平,既要保持经济的健康、良性增长以体现出持续性原则,又要在追求人与自然和谐关系的行动实施中依赖于共同性原则,还要强调当代人与子孙后代的生存利益以彰显公平性原则,从而保证人类生存和发展的可持续。

(四)生态伦理的维护机制

现代管理的生态伦理维护机制可体现为环境权利的保护机制、生态价值的转化机制和生态责任的追究机制。生态伦理维护机制中的环境权利包括国家公民享有资源和环境的使用权、知情权以及平等参与环境治理的保护权。生态价值的有效转化则是建立在生态产品的生产和服务体系的基础上,在政策制定引导和依法行政监督下推进合作参与得以实现的。生态责任的有效落实需要在追责机制中坚持依法行政,保证程序的公开、公正,并通过长效问责机制来保持道德规范的效用。

1. 环境权利保护机制

维护公民的环境权利,需要将政府依法行政的强制措施与公众的道德自觉规范相结合,从而实现生态公正的管理目标。首先,保证公民享有生态环境的权利。公民环境权必须以环境不受损害为基本准则。保证公民享有健康良好的生存环境,不仅是政府行使公共权力的管理目标,更是维护人民群体公共利益的职责所在。政府要强制性地控制不利于环境的管理活动,并对破坏环境行为给予道德上的干预,从而确立公民合法享有生态环境资源的使用权。其次,保障公民拥有环境状况的知情权。环境信息关乎社会公共生产生活的质量,直接影响到每一位公民的身心健康,公民有权获得自然生活环境和职业卫生条件的相关确切信息。随着公民环境卫生意识的提高,政府和企业应及时主动地向公众公开环境信息,不得隐瞒甚至掩饰损害环境的公众信息,在环境管理的行政监督机制下,使侵犯或侵害公众环境权利的行为受到道德的谴责和法律的惩罚。最后,保障公民维护环境治理的参与权。公民参与国家环境的管理和监督既是平衡各种环境利益关系以减少社会矛盾的协调方式,也是在保护公民及社会环境权益中凸显行政管理民主化的有效途径。要保证环境保护政策的制定和强制推行效果,政府就要在提高公民生态意识和素质的前提下,调动公众参与环保的积极性,结合公民自治的管理模式,发挥群众自下而上的推动力量。

2. 生态价值转化机制

生态价值的体现需要在生态伦理理念和实践相结合的前提下,坚持法治与民主相结合的绿色发展,发挥生态伦理规范的协调发展的作用,打破以经济增长为唯一标准的传统模式,建立生态价值的量化核算体系,发挥绿色生产经营的政策引导作用。例如,在区域生态系统中打造生态产品生产地,建立生态经济指标及核算体系,需要把自然成本和社会成本要素纳入衡量标准,制定生态产品和服务的经济衡量指标,使空气、水、树木等环境要素成为生态产品质量的评估对象,建立经由核算而量化的生态系统生产和服务的价值评估体系。强化生态产品价值转化机制的可操作性,还需要推行生态产品利用的考核体系和信用评价体系,通过信用分值评估对资产增值进行奖励,提高企业转化生态优势的竞争力,探索政府和企业合作参与的运行模式,完善绿色行政的民主监督制度,建立健全依法行使权力的制约机制和执法的监督机制,鼓励社会公众的共同参与以获得道德力量的支持,从而保障绿水青山所蕴含的生态价值的有效转化。

3. 生态责任追究机制

保护生态环境不能仅限于约束企业行为,更需要规范政府行为,从而保证决策制定和实施的道德责任落位。首先,对损害责任要依法做出制度安排。决策者应当对环境造成的影响承担相关责任,2015年中共中央办公厅、国务院办公厅印发的《党政领导干部生态环境损害责任追究办法(试行)》,正体现出中国特色社会主义生态法治建设进程中坚持依法治国、依法行政的具体实践。尽管该办法尚在探索和积累经验阶段,但生态问责机制的创建形成了管理主体统一于权利和责任的制度性对接,使生态环境的不当行为受到法治监督的刚性约束。其次,落实环境损害追责要坚持公正和公开原则。确定生态环境损害的评价既要保证损害评价的客观公正,又要保证追责程序的公开透明。对生态环境保护和资源监管要突出党政领导干部权责统一、问责到位的原则,实行行为追责和后果追责相结合,依靠社会民众的公开监督增强追责效果,及时纠正政府在执行决策过程中出现的失误和偏差,促使决策者制定的科学决策更能代表广大群众的利益,将为社会群体谋求环境福利的理念内化于心,并生成自觉保护生态环境的外在行动。最后,强调责任追究要坚持终身追究原则。政府在提供良好的生态环境方面需要建立长效的问责激励机制,才能保证公共产品和服务的质量。经济社会发展的可持续性必须要注重生态环境问题的复杂性和整体性,确立合理的追诉时空边界并进行全生命周期影响评价,使环境行为的长期效用受到生态伦理道德责任的严格规范。

本章小结

现代管理的生态伦理通过协调和控制等管理职能形成了关于自然生态环境活动的伦理关系,并将在管理过程中赋予的伦理观照以人与自然的关系体现出来。生态伦理整体观念的树立、价值秩序的调整以及管理限度的控制,均反映出现代管理的生态伦理内涵。尊重生命和自然、利益和责任平等、保护和发展协调等生态伦理原则,为提高管理的生态意识以及推动生态化管理行为提供了重要依据。现代管理的生态伦理以"天人合一"思想、生态马克思主义理论及可持续发展理论等作为理论基础,为树立科学的生态世界观并探究管理的伦理作用建立起密切的联系。生态伦理包括的自然价值理念、动物权利理念和生态正义理念,为促进管理实践形成人与自然、人与社会的和谐关系提供了道德基础和伦理支持,进而通过环境权利的保护机制、生态价值的转化机制和生态责任的追究机制实现生态伦理理念的有效转化。从多学科视角对生态伦理属性的理解,获得了生态伦理在现代管理活动中的广泛认同,保证了不同领域中生态道德价值建构的合法性,为现代管理进一步解释生态伦理的价值旨趣提供了基础。

第三章 现代管理视域下的
生态伦理历史演进

　　历史唯物主义视角下不同发展阶段的观念和理念多受到时代的限制,自然会出现人们对以往管理思想和见解的批判。然而,在特定历史时期产生的生态伦理管理理念在一定程度上顺应当时的管理思想演变和社会发展变革的诉求,因而在相应时代背景下具有探寻社会发展价值的推动作用。把握时代脉络中管理价值的嬗变经历了四个历史阶段:科学管理时期,以经济伦理作为管理价值评判依据,倾向以于以科学的思维方式和理论方法来审视社会经济发展问题,以崇尚效率至上的人机设计管理模式追求利润的最大化;行为管理时期,以关系伦理或情感伦理为依据,为生态化行政管理的伦理扩展进一步奠定了基础;系统权变管理时期,认识到人与自然的有机整体关系,注重与组织发展的外部环境因素的影响,强调了人与自然、社会环境之间彼此依赖、相互渗透的作用;知识与文化管理时期,文化以智力资本对服务于人的精神需求体现出观念、意识、习俗等文化因素的力量,使负载于价值观的生态道德伦理规范对人的思想和行为起到导向与约束作用。在管理思想史的人性观嬗变过程,从生态伦理的维度来视察现代管理的价值定位、逻辑假设、思维方式、理论观念、管理模式、伦理特征,对不同发展时期的非生态伦理化甚至反生态伦理化的情形进行梳理与评判,即为生态伦理价值的融合和展现提供了进化空间与发展机遇,进而给予现代管理观照并加以选择运用的评价尺度及价值导向,以此为现代管理的生态伦理价值的重建铺垫历史依据。

一、古典管理理论的价值定位——效率至上

　　19世纪末20世纪初,随着第一次世界大战的爆发以及战后恢复的全球影响,以资本主义国家为首的发达国家对本国经济发展的需求不言而喻,泰勒(Taylor)提出的科学管理为国民经济增长开辟了通往科学管理效率的追求之路,因而成为古典管理时期的重要理论。科学管理引入理性主义的方法,将提高生产效率作为首

要目的,竭力创造出更多的财富和利润来满足人们对利益的最大化需求。在科学管理的生产实践中,为了解决工作效率低下的劳动冲突,管理中的物与人都是在科学的规范下企图通过提高劳动生产率来解决管理的现实问题。

(一)古典管理理论的"经济人"人性假设基础

"经济人"人性假设最早由英国古典经济学家亚当·斯密(Adam Smith)提出,他在《国民财富的性质和原因的研究》中认为,人都是趋利避害的,自私自利是人们与生俱来的本性,人们在利己主义的驱动下进行着客观上有利于他人的生产活动以实现个人利益的最大化。"'经济人'人性假设的主要观点是:大多数人都生性懒惰,好逸恶劳,他们不愿意工作,想方设法逃避工作;人们工作动机是为了实现个人经济利益的最大化,只有金钱和物质利益才能激励人们努力工作;多数人胸无大志,不愿意承担任何责任,宁可接受别人的指挥和控制;大多数人是以自我为中心,对组织的目标漠不关心,因此,必须采取强制的、惩罚性的办法才能促使他们为完成组织目标而工作。"①古典经济学的主流思想是将人追求自身利益最大化的行为作为管理活动的基本逻辑,不论是出于动机方面的自利,还是出于行为方面的自利,"每个人生来首先和主要关心自己;而且,因为他比任何其他人都更适合关心自己,所以他如果这样做的话是恰当和正确的"②。正如休谟所指出的,人类的自利性都归结为人类作为动物的本能,表现出人与生俱来的生物本性,并且将这种利己心视为人类所难以弃置的动物属性。人类与其他物种都固守着一种渴望获求自身生存和发展的生物性本能,经济学将利益置于首位,使追求利益成为人们实现自身价值的标志。因此,古典管理理论从个人利益的角度出发,在对人类天性与本能给予肯定的基础上建立起古典管理科学的理论大厦,揭示出了人的生态本性源于大自然的重要组成部分这一理论成果。

随着资本主义国家的工业化发展,优化资源利用、提高生产效率便成为诞生科学管理理论的工业时代背景。泰勒在"经济人"人性假设基础上创立的科学管理,即是运用理性主义的方法论激发"经济人"的积极性,通过发挥个体潜能以提高管理的工作效率,从而最大限度地满足资本家对利润最大化的片面需要。泰勒在思维和价值等方面借鉴并吸收了"经济人"人性假设的思想和观点,并探索性地将自然科学中惯用的观察、记录、调查、实验等方法运用于企业管理的实践活动中,注重

---

① 何颖.行政哲学研究[M].北京:学习出版社,2011:132-133.
② 亚当·斯密.道德情操论[M].蒋自强,等译.北京:商务印书馆,2015:104.

实现人的经济利益的最大化满足。他在其代表作《科学管理原理》中提出:"管理的主要目标应该是使雇主的财富最大化,同时也使每一位雇员的财富最大化。"[①]从而,泰勒的科学管理以及韦伯的理性官僚制组织就在"经济人"人性假设的逻辑运用中为企业生产效率的显著提高产生了空前的变革影响。相对于泰勒侧重个体效率,法约尔更强调组织的重要性,他在管理组织和管理过程方面发展了泰勒关于管理计划职能与执行职能的划分,创立了由计划、组织、指挥、协调和控制的管理职能构成的组织管理理论,在"经济人"人性假设下建立了以财富最大化为动机的行为模式,通过强调组织一体化中的纪律和服从,使人们在追求自身利益最大化的过程中同时满足了社会交往中的互利需求,进而获得了组织劳动生产效率的提高,保障了唯效率至上的企业管理目标的实现。

(二)科学管理的管理模式:控制自然的祛魅化设计

泰勒以促进人操控生产工具的协调性为目的,提出了科学管理原理方法,通过对工时的精准测算,使"整个体制都依赖于对单位时间正确而科学的研究"[②],进一步归纳经验技术以改善人机关系的科学化适配效果,整理出规律性的步骤或程序,探索科学工作方法以减少人力资源和自然资源的浪费。这种把被管理者视为机器一般只需服从高效劳动指令的管理模式,其实质反映出一个追求高效生产以获取经济利益最大化的设计过程。尽管,泰勒这种工具主义的激励方式,培养了工人良好的工作习惯,改善了工人的作业环境,提高了工资福利待遇,在这场全面的"心理革命"中,从一定程度上缓和了劳资双方的矛盾和对抗。然而,人类依赖科学技术以谋求自身福利的管理视角,在设计客体化的对象自然的改造中,运用抽象化的科技手段将自然分割为片段化的认知模块,遗忘了自然作为整体存在与人之间的密切依赖关系,进而人类凭借现代性科技手段意图对自然施以祛魅设计。毋庸置疑,科学管理模式所预设的控制自然的价值导向,将自然看作不竭的资源宝库而展开对地球资源的贪婪攫取,当人所创造的作为谋求生存手段的技术被奉为伦理导向的圭臬时,技术就会被异化而显现出一种对抗和统治自然的力量。依据经济理性逻辑操控自然势必造成生态破坏、环境污染、资源枯竭、物种灭绝等生态恶果,表现出经济伦理对满足人的物质财富需求的片面合理性,更多地倾向于关注人类经济社会的生存状态,亟待补充支撑人类主体存在的经济利益的考量,嵌入人与自然深

---

① 弗雷德里克·泰勒.科学管理原理[M].马风才,译.北京:机械工业出版社,2007:3.
② 占部都美.现代管理理论[M].蒋道鼎,译.北京:新华出版社,1984:27.

层关系的生态审视维度,引导人类走出操控自然的狭义伦理,在管理中融入遵循自然的合理性伦理依据。

科学管理模式依据"经济人"逻辑假设,寻求以最低的成本获取最高的收益,对于企业经济发展实现利润的追求具有一定的合理性。然而,"自利"的"经济人"人性假设,能否诠释人性的完整构成?人性具有趋利避害的成分,但同时人也具有同情心、关爱、利他的成分。因此,将"自利"视为人性的所有构成显然是片面的。正如诺贝尔经济学奖得主阿玛蒂亚·森(Amartya Sen)所指出的,既没有证据表明自利最大化是对人类实际行为的最好近似,也没有证据表明自利最大化必然导致最优的经济条件。科学管理模式偏重于"自利"和"工具理性",剥夺了人性丰富的伦理内涵,忽视了"利他""价值理性""情感"等生态因素的作用。唯经济效率至上的发展方式终将给自然生态环境带来沉重的负担,致使"经济效率"与"生态环境"的价值关系处于对立的两端。单方面强调经济效率而忽视生态环境,抑或单向度强调生态环境而无视经济效率的管理方式,都无法形成对人类社会的整体认知。"无论是经济学,还是伦理学,都不可能单独地解释或理解人的存在、行动和生活的价值意义,甚至也不能单独地承诺解释人类经济行为的知识使命。"[①]人类必须更为全面地把握社会发展的规律,不能仅仅从效率价值或生态价值的单一目标对社会发展进行批判,而应当将人类利益作为生态道德与经济行为的共同目标,使道德关怀扩展到生态自然领域,发挥生态伦理对经济的引导和促进作用,促使两者有机地融合起来以实现效率和生态的统一。

(三)理性逻辑的科学化功利价值取向

在20世纪初,西奥多·罗斯福总统表达出了美国人民对国家资源枯竭的特别关注,在全国范围掀起了解决国家效率问题的热潮。工业文明国家以效率为纲在理性逻辑的演绎下,沿着技术主义、物质主义方向推动着社会生产力的发展。

1.技术理性逻辑的伦理特征

科学管理时期的生产劳动始终徘徊在一种低效率的进行状态,泰勒认为,工人"系统性的偷懒"而导致劳动效率低下的原因在于其故意限制自己的劳动产量。他经过观察发现,人与人之间的主要差别不是在智能,而是在意志、在达到目的的动力上的差异。工人作为生物个体在多元化的价值选择中必然存在个体化的劳动差异,为了使每一个工人去实现他的个人愿望,不应把全部的工人划入同一个级

---

① 万俊人.道德之维——现代经济伦理导论[M].广州:广东人民出版社,2000:代自序9.

别,并给予与其他人同样的对待,而应在坚持劳资双方存在着共同利益的观念基础上,使工人遵循一个"共同的法则"并执行有关工资和作业条件的统一标准,鼓励人们按照新教徒的伦理去提高自己的生活水平,以期实现付出和收获对等的公平原则。在"经济人"的自利动机下,劳资双方寻求的利益切合点,是出于功利性认识的个人主义逐利行为,反映了唯经济利益驱动下人们为化解组织内部矛盾而持有的科技中立价值观,不但忽视了物质资源和环境资源有限性,还一度将人变成了接受指令的机械化生产工具。科学内核的还原性在本质上决定了技术发展的机械化、碎片化、程序化特征,人被控制在技术框架中必须按照规定的路线去组织生产实践活动,人与机器结合构建的技术共同体试图凭借技术的征服性力量对物质世界加以改造。然而,技术价值观滋生的异己力量却容易使人滋生操作主义和工具主义的世界观来处理人类社会和自然界的关系,导致人们以技术准则而并非生态准则作为价值评判的标准,成为资本逻辑追求效率至上的工具人,人们赖以生存和发展的自然生态圈被技术规范屏蔽起来,人的道德规范和生存法则也在对物质的片面追求中被摒弃。

2. 经济理性逻辑的伦理特征

在"经济人"人性假设的理性逻辑下,管理依托于科学理性的指引,企图满足个人的经济利益最大化以实现高效率,人被置于从属于物的地位而体现出机械模式中客体至上的特征。马克斯·韦伯的官僚制组织结构正是以追求组织效率的最大化著称,通过专业性的细化分工、科学性的程序设计及严格性的制度遵守对组织中人们互相竞争的自利行为进行约束,强制性地要求人们遵守组织的制度和规则,运用成本-收益分析或趋利避害的原则对决策行为权衡比较以求获得最大的收益。官僚制所运用的"是已知的对人实行必要控制的最理性方法。在精确性、稳定性、可靠性及纪律的严格程度等方面,它比其他任何形式都要更胜一筹。因此,它使组织的领导人以及与组织有关的人有可能对结果做出尤为精确的计算"[1]。理性官僚制进而设定了组织形式中的"经济人"具有完全理性的认识假设,所有人都必须在合理化的法定权力规制下照章办事,以此保证组织管理生态环境中的资源配置合理性、结构设定的科学性、理性运行的工具性、绩效结果的高效性。客观上,在完全经济理性逻辑下运用经济杠杆的激励方式的确达到了短期内刺激个人行为的目的,使人的能力与所做的工作相适应而发挥出劳动的积极性,通过强化对命令的绝

---

[1] WEBER M. The theory of social and economic organization, trans[M]// HENDERSON A M, PARSONS T, et al. Talcott Parsons. New york: Oxford university press, 1947:337.

对服从和纪律的严格遵守,在制定并贯彻执行工作制度中明确责任的落实,确保对组织效率的可靠控制,对最大限度地提高组织效率具有一定的合理性。但是,韦伯的行政管理理念将人的价值判断剔除在公共行政之外,人的道德品质在设计程序的运转中失去了效用,非人格化取向的行政理念遏制了人的价值追求动力,也就不具备生态道德的伦理价值诉求,使经济理性逻辑依据下的行政机制表现出对内在人的生态和谐追求的否定。

(四)"经济人"人性假设的反生态伦理省思

古典管理理论的"经济人"人性假设对人性的认识和反映展示出深刻的内涵价值,但也存在着明显的局限性。首先,古典管理时期的人机关系协调设计颇具机械论色彩,在自然资源利用和科学技术引入的生产过程中仅仅注重遵循科学规律,而忽视了人文规律,导致管理活动中见"物"而不见"人"。马奇和西蒙认为,古典管理理论深受牛顿和伽利略的机械观影响,表现出一种单向线性的、因果关系的、归纳实证的方法论特征,它将企业生产活动化约为物质与技术之间的简单关系,偏重于技术发展中发挥自然规律的物理作用,人在与物的关系协调中一味地接受命令而处于被动地位。尽管,古典管理时期资本主义的发展只有通过大幅度提高生产效率来克服资源有限的难题,然而机器终究还要依靠人才能够创造效益,人的空场使得客体至上的人机协调关系变得僵化,让单纯追求物质生产和工作效率的管理缺少生气。"经济人"人性假设将效率至上奉为价值圭臬,理性官僚制组织使人在强制性力量的控制和约束下成为提高效率的工具与手段,人的劳动价值只能在既定工作量的完成情况中体现出来,因而,这种以生产任务而非人的发展为中心的管理方式无法满足人的生态本性的主体需求,终将导致人的发展的物化。

其次,"经济人"人性假设受生物主义人性思想的影响,忽略了依据情感逻辑的人在生态平等原则下的道德关怀追求。"经济人"人性假设思想侧重于研究人的生物学意义上的自然属性,人被塑造为仅受物质需求驱动的自利性经济动物,把趋利避害的生物本能视为人的本性,为了摆脱物质条件不足的窘境以求得更好的生存和发展,人们必将受到经济理性的主要支配而追求物质利益的保障。然而,人并非完全受制于动物本能的支配作用,无论从人的自然属性还是社会属性,人都会表现出尊重、关心他者的生态伦理特质,这种出于道德关切的利他行为完全不同于亚当·斯密的利己性与利他性不可分的观点,前者是发自内心的主观自觉道德行为,注重施以善行的道德关系,而后者则是个人对私利的追求在无形中促进了社会利益,强调管理的确定性结果。这种把人的劳动成果片面地归因于物质刺激的观念,"没有考虑员工心理上对于具有一定挑战性和自主性的工作的需要,同时,也没有考虑员工对于友谊和支持等社会心理的需要"①。从经济理性视角将单一的物质利益作为人的生存目的,使人成为追求经济利益最大化的动物性存在,缺少从生理、心理、伦理的有机整体视角探究人的多层次动机需求。如此,具有个体性差异和多样化需求的人的主观价值判断就被刨除在外,缺少生态直觉、本能、信念等情感逻辑下人的社会性交际需要,无法体现出人在尊重自然、关爱生命的生态本性中不断自我生成、不断变化发展的创造性价值。

最后,"经济人"人性假设的追求利益最大化的效用原则,使科学管理的目标性有悖于自然生态环境对管理目标的制约性。官僚制组织在工具理性的驱动下,将效率最大化作为管理目标,在韦伯所提出的法理型权威基础上,这种理性官僚制的组织形式驱除了人的主观因素,使管理在价值中立的观念中通过规定和权力增强组织的可靠性,这种"管理体制是'理性'性质的规则、目的、手段和'求实的'非人格性控制着它的行为"②。道德无涉的非人格化制度运行带来了物质生产效率的大幅提高,却也造成了人的物化,而这种以物为本的管理价值并不具有对人与自然关系的协调特质,没有考量管理目标的选择同自然生态环境之间的相容性,使官僚制在获取资源的过程中没能形成对外部环境的适应,从而妨碍了人的生存和发展。科学管理在人机对接的制度化设计中将利益和效率紧密联系起来,这种运用科学理性主义方法的管理机制,"事实上是一种设计得巧妙的赶快制度和血汗制度,加速了工作专业化的倾向,使工人被束缚于单调的作业,不能发挥主动性和创造性"③。尽管泰勒主张在劳资双方开展"心理革命"以缓解资本主义的矛盾,但却缺少解决价值观冲突的制度性保障。在创造更大财富的认识问题上,由于工人处于被动管理地位而缺少对生产资料和社会财富的分配权与决定权,只能将缓解双方矛盾的期望寄托在剩余价值的创造结果上。由于技术性发展或生态职能化管理终究要依赖自然的引导和供给,唯有注重生态效益的协调作用才能符合管理内在的生态本性,仅是以生态环境遭受破坏来取得资本主义经济的短期性增长,缺少组织与自然、社会环境关系的协调和处理方法,最终只会加深自然与社会之间的罅隙,造成资源的匮乏和环境的恶化。

---

① 苏珊·纽厄尔.健康的组织[M].王剑锋,等译.北京:清华大学出版社,2002:26.
② 马克斯·韦伯.经济与社会[M].林荣远,译.北京:商务印书馆,1998:324.
③ 贾贵生.人性假设——企业管理理论的哲学基础[J].内蒙古大学学报(哲学社会科学版),1998(1):50-57.

二、行为科学管理的价值转换——情感依托

20世纪30年代,处于第一次世界大战战后恢复阶段的资本主义发达国家爆发了空前的经济危机,工业发展出现了严重滑坡。科学管理对劳动者自主权的绝对控制剥夺了人们在工作中的主动性和积极性,导致了缺乏人性化的管理机制中"人"的空场,企业难以保持生产效率持续增长。由此,梅奥(George Mayo)率队展开了历时八年之久的霍桑实验,通过关注和研究企业内部关涉人的心理和行为的作用,创立了人际关系学说。行为科学管理理论在这场管理思想史上著名的人际关系运动中,尽管管理的目的仍然是围绕效率而展开的,却促进了管理学家、社会学家和心理学家在人的行为动力、行为特征及行为环境等方面的研究。正如斯图尔特·克雷纳所言,霍桑实验使人得到了公正、体面的对待,而对人的行为意义和人际关系影响的关注,也标明了行为科学的发展开始了由以"物"为中心向以"人"为中心的过渡。"社会人"人性假设作为行为科学管理的人性假设基础,虽然蕴含了人文内涵的伦理价值旨向,但仍然是围绕着效率而展开的,由于过于强调人的情感和心理对管理的决定性效用,致使人的行为规则偏重于对人文规律的探究。

(一)行为科学管理的"社会人"人性假设基础

行为科学管理从人的行为意义出发,以"社会人"人性观为人性假设基础来探究人的行为规律。在梅奥看来,以往"经济人"人性假设的实质是将人视为原子式的孤立存在,仅注重个体私利,而忽视了人在社会交往中的联系。然而,生活在群体中的个人行为动机不仅局限于单纯的物质利益刺激,还包括非经济的、社会性的需求动机。由此,梅奥提出了"社会人"人性假设,从社会学和心理学的视角寻找提高管理效率的途径。"社会人"人性假设的主要内容包括:"第一,不能仅仅将人视为单纯的'经济人',人在根本上是'社会人',人们社会和心理方面的社会性需求(包括人与人之间的友情、安全感、归属感和受到他人的尊重等)比经济利益需求更加重要;第二,影响生产效率高低的决定性因素不是工资薪酬、工作条件等,而是工人们的'士气',而'士气'主要取决于工人在企业、社会中人际关系是否协调;第三,企业中除了有正式组织,还有'非正式组织'的存在。"[①]霍桑实验在诊视和研究企业中人的行为问题上取得了突破,为进一步扩充梅奥主义的理论观点奠定基础,强调在工业社会普遍存在的分工和交换机制中,更应注重人的情感和交往需

---

① 何颖.行政哲学研究[M].北京:学习出版社,2011:133-134.

求,妥善处理自我与他者之间的人际关系,从而提高企业的劳动生产效率。

科学管理是在理性逻辑的引导下,从经济效益的角度审视企业的效率和个人的需求问题,这种破坏社会团结的文化传统只会让"疯狂地培养技术能力损害了人和人之间的关系""在人类的合作能力上一点没有扩大和发展"[①]。相对而言,"社会人"人性假设的行为准则认为,人的思想和行为主要取决于情感逻辑的影响,良好的人际关系对激发员工的工作热情起着决定性作用,人与人之间保持一种促进合作而不是互相竞争的关系更为重要,个人行为主要是为了保护自己在组织中的地位而并非"经济人"人性假设中的个人利益。因而,组织中的管理者不应只关注生产任务的完成情况,还应当把人当作"社会人"来看,重视人的心理、情感等方面的社会需求。这就需要将人的生存价值和行为意义由单纯的物质和经济利益需求转变为良好的情感和人际关系需求,培养人的安全感、归属感、尊重感,注意倾听工人的心声、了解工人的情绪,为工人提供参与管理的机会以增强其主人翁责任感。这与促进满足人的心理健康和自我发展的需求具有一致性,然而却将社会因素作用推向绝对的片面化,忽视了人的基本物质需求,尽管在一定程度上提高了劳动者的主体地位,但仍旧将人看作提高生产效率而进行人际关系协调的工具化手段。

(二)行为科学理论模式:人际关系的社会化凸显

科学管理时期管理者和工人之间的关系主要围绕着对生产任务的完成情况而进行,管理者只要求工人提升技术专业能力,并通过强制性的监督保证工作的进度和质量。随着科学管理技术引入企业的大规模生产,管理者与工人之间的普遍交流更加受到限制,工人的积怨和不满以及缺少疏通的渠道致使士气不断低落,从而加剧了劳资双方的紧张关系。霍桑实验的结果表明,企业中生产效率的决定因素是由人际关系所影响的职工的情绪和士气等环境氛围,而并非作息时间和工资薪金等作业条件,"彻底否定了认为只有私利才是激励和推动人工作的全部动力的假设"[②]。梅奥指出,工业社会的症结在于工业技术对人们的吸引和满足,使人们忽视了源于社会需求的人际关系的处理,从而缺少了社会互动中的协调与平衡。因此,应该把企业中的工人当作"社会人"来看待,而不应该将其看作是别无二致的机器或其中的零部件,通过关心工人、满足工人的社会需要来促进企业内部人际关系的改善,进而提高管理效率。这使管理者将注意力从组织中人与物的关系转向

---

① 乔治·埃尔顿·梅奥.工业文明的社会问题[M].费孝通,译.北京:商务印书馆,1964:17.
② 封新建.世界管理学名著速度手册[M].北京:企业管理出版社,2001:50.

人与人的关系,注重组织内部环境的人际关系以促进协调合作,满足组织群体中以人的情感、心理作为行为动机的社会需求。

行为科学针对人的需求、动机、动力和目标,从个体行为、群体行为、组织行为和领导能力方面建立了情感本位的理论模式,凸显出生态伦理的信念导向和精神动力。首先,行为科学理论开始关注人在安全、道德、自由等非物质层面的生态价值。在个体行为动机与激励方面,美国心理学家弗雷德里克·赫茨伯格(Frederick Herzberg)根据工作满意感和积极性的产生原因,提出了激励因素和保健因素的双因素理论。他认为,包括人际关系在内的社会因素与物质因素都属于保健因素,如果不具备会引起员工的不满,但是真正能够调动员工积极性的则是对人进行精神鼓励的激励因素。亚伯拉罕·马斯洛(Abraham H. Maslow)从健康人性的视角推动了个体行为的动机,他提出的"需要层次论"将人的需要归纳为五个层面,即生理需要、安全需要、社交需要、尊重需要和自我实现需要,并且这五种需要具有以重叠波浪形式演进的层次性和潜在性,依次满足才会发挥更高等级的促进和激励作用。

其次,行为科学理论就人的互动协作注重实质平等而非形式平等的环境伦理关怀。在群体行为的影响关系方面,梅奥发现了非正式组织的存在及其价值,与具有明确工作关系和职责范围的正式组织相对应,非正式组织以感情作为行为准则,便于成员之间沟通交往、培养感情、达成共识,以促进劳资双方和工人之间的相互协作。美国行为科学家麦格雷戈(Mc Gregor)针对以传统的指挥和控制为基础的"X理论",创立了"个人目标和组织目标相结合"的"Y理论",并认为人性本善,需要鼓励成长来激发潜力。他提出的分权与授权管理思想为满足职工的社会需要和自我实现提供了机会,促进了参与式和协商式管理模式的发展。场论创始人勒温(Lewin)依据整体主义心理学建立了群体动力学,他认为作为非正式组织的群体同样具有自己的目标和结构,群体规范会促进成员为组织目标进行协作并贡献力量。

最后,行为科学理论强调领导行为对协调和平衡组织的环境与发展具有引领作用。在组织行为和领导能力方面,领导者作为组织的关键性因素,对组织活动的方向、组织的变革与发展具有决定性的影响作用。梅奥认为,生产效率的提升与工人的情绪密切相关,而情绪又取决于工人的满足程度。因此,组织中的领导能力就在于能否提高工人的满意度,进而提高工作的积极性。这就要求领导者必须具备改善人际关系、满足情感需求的能力,注重工人在安全感和归属感等社会需求方面的满意程度,从而达到提高劳动生产率的目的。

(三)情感激励的生态化行政伦理扩展

行为科学时期的管理理论建立在情感关系基础之上,主要是从人的需要、欲望、动机、目的等心理因素探寻人的行为规律,在人与人之间、人与组织之间寻求形成于社会交际中的认识规律,对人的行为轨迹加以预判和掌控,以期大幅提高工作效率并加促实现组织目标。"社会人"人性假设是在情感关系和人际关系的引导中作为行为主体的人对自身社会本性的一种认识,通过人的发展需求的满足表现出人的行为意义。人作为社会群体的一员处于社会人际关系之中,不仅具有物质的和生理的需要,还具有安全、尊重以及自我实现的需要。相较而言,后者作为更高层次的需求更能够深刻揭示出人性的本质,在生态伦理的视域下相应地可以拓展为生态安全的需要、尊重自然的需要、代际公平的需要。这一系列需求的满足都要在群体关系中得以实现,正如玛丽·帕克·福莱特(Mary P. Follett)所强调的,个人只有通过群体才能够发现"真正的自我"。并且这种贯穿于横向和纵向的人际关系与社会情势的平衡过程蕴含着稳定、和谐、公平的生态化行政价值旨向。

1. 扩展生态安全的行政伦理价值观

行为科学背景下人们步入了公共产品需求的扩张时期,对生态安全需要达到了空前的重视程度。从个体需要层次的递进程度来看,人们从满足温饱需求转向了对物质和心理的安全保障需求。当前,在整体主义的生态视角下,普遍威胁各国人民生存、发展、安全的生态灾难和环境危机加强了人们对生态安全的重视程度,政府作为生态安全等公共产品及服务的主要供给者,必须提高生态安全的行政道德伦理认识,以满足社会群体安稳生活的基本需求。从广义上讲,生态安全包括自然生态安全、经济生态安全和社会生态安全,因此,生态安全的公共需求就是满足公众对相对可靠的、稳定的和可持续的生存环境或生态条件的需求。生态安全作为人们对维护共同利益的追求目标,自然关系到每个人的切身利益并因此备受关注。行为科学时期的管理者主要注重员工的个体安全,关注个人的心理、情感需求,并未从生态系统安全的视角来判断人们的生态状况,忽略了人与其他生命之间为生存发展而相互依存的共性关系。人们赖以生存的自然环境如果缺少了安全、稳定的保障因素,势必引发生态灾难进而带来社会的动荡不安。建立在经济结构基础上的社会政治结构作为经济利益的反映,更需要行政主体加强对生态资源的安全保证,在有限的生态资源前提下健全完善的生态体系,使良好的人际交往和社会关系在经济稳态、持续发展的优势条件中得以实现。生态伦理观赋予传统行政价值以新的内涵,无疑对行政行为的变革起到了推动作用,有助于实现公众需求由经济安全、社会安全到生态安全的跨越,满足人们对公共生活的健康安全需要。

2. 确立尊重自然的行政道德意识

工业革命以前,人们对生态的破坏仅限于局部的、有限的影响范围,基本上可以通过自然自身的调节能力得到快速恢复。人类社会自进入工业革命以后,这种灰色的工业文明在创造经济繁荣的同时,加大了人与自然的冲突和对抗,尤其20世纪50年代相继发生的"八大公害"事件,印证了灰色工业文明对人类社会的生存方式、生活质量、生态系统造成的负面影响。1933年,美国思想家利奥波德在其《大地伦理学》中指出,必须重新确立人在自然界中的位置,使人类自觉认识到自己是自然中的平等成员,主张建立尊重生命和保护自然界的价值标准。将个人与社会的关系置于历史发展的长河中,二者之间的关系即拓展为人类与整个自然生态的关系,由于人与自然关系的和谐发展需要依赖于人际关系的协调,因而,人际关系中受到尊重的需求就可以延伸至对自然尊重的需求。如此,评判一种行政行为正确与否,则愈加取决于整体价值取向上是否体现出尊重自然的道德态度。构建和谐人际社会关系的行政态度就应当含有对尊重自然的整体信念、尊重生命的人道关怀、尊重环境的公平权责等制度伦理的追求。只有通过加强尊重自然本性的行政理念引导,建立起公众认同的社会交往规范,采用生态保护的法律政策促成人们之间普遍合作的人际关系,才能够基于生态整体思想实现生态系统与行政系统的协调发展。

3. 倡导代际公平与公共行政相契合的信托关系

所谓代际公平是指人类在世代延续的过程中既要保证当代人满足或实现自己的需要,还要保证后代人也能够有机会满足他们的利益需要。对于代际权利来源的"后代人环境利益说"观点,美国国际环境法学家爱蒂丝·布朗·魏伊丝(Edith Brown Weiss)认为,代际关系中的每一代人既是受托人也是受益人,都应当享有平等的环境利益,因此,当代人必须承担相应的义务。[①] 最早将"公共信托"理论引入环境保护领域的美国环境法学者约瑟夫·萨克斯(Joesph L. Sax)认为,水、空气等人类生活须臾不能离开的生态要素不是无主物,而是全体人民的共有财产。国民意欲妥善处理共有财产,可选择政府作为委托人,尽其所能管理好全体国民乃至后代子孙的财产。由此,在政府与国民所对应形成的受托人与委托人的合作关系中,生态行政职能应当发挥代际共享的伦理导向作用,处理好自然资源利益的代际分

---

① 鄢斌.社会变迁中的环境法[M].武汉:华中科技大学出版社,2008:9-11.

配问题,倡导政府应根据代际公平原则规定后代人的发展权、和平权、环境权,通过国家权力的介入提供法律义务的生态道德化保障,最终使建立在代际信托关系上而享有自由、平等环境权利的价值旨向实现从道德领域向制度领域的转化。

(四)行为科学理论的生态伦理缺失

行为科学时期经历了人性假设由"经济人"向"社会人"的转变过程,深化了人本化组织理论的研究视域,根植于心理学并以组织中的人为对象的研究尽管充满了"自然主义"的浓郁意蕴,但是行为科学理论仍然建立在机械论的思维模式上,割裂了主体与客体、人与自然之间的联系,对人性的发展缺少生态伦理的价值引导。

第一,行为科学理论隔断了人与自然之间的生态关联,无视管理与自然不可分离的关系。行为科学理论的发展使"社会人"人性假设不断完善,提出组织管理应当以人为中心,强调人的情感关系、归属感、尊重感等行为的动机和需求对生产效率的促进作用,开始从人道主义的立场出发看待人的价值及社会问题,使人积极地发挥其主体能动性以提高劳动生产率。然而,"社会人"人性假设的这种激励方式"不是从人的本身的发展为出发点来考虑设计组织的结构,而是把注重人际关系的管理方式最终变为管理控制的一个手段"①,只是从形式上给人以精神需求层面的关注,实质上仍是从工具和效用方面来强调人的主体价值。在一定程度上,行为科学理论弱化了单纯追求经济效率的原则,将管理对象的视线从物转移到了人身上。但是,人作为提高管理效率的控制手段,依然要服从于利益目标,甚至在事实层面的人只是一种具有感情色彩和行为意义的工具,人际关系的协调实际上依循的仍是工具理性的思维模式,在人类中心主义发展观的制导下,这种协调仅包括人的所有利益和关系,遮蔽了自然作为人类活动的对象性存在,疏离了人与自然之间的生态关联,忽视了人与自然互依共生的协调,违背了自然生态规律,也阻碍了人性生态的健康发展。

第二,行为科学对人性的价值诉求缺乏生态伦理的整体性视角。公共管理的价值体系目标既要显现出效率、秩序、公平等一般性的工具性目标,又要包括人与自然关系层面的可持续发展目标,以及在这种可持续发展状态下促进人与社会和谐发展的人性完善。"自我实现人"人性观强调对人的潜能的利用和开发是处于一种孤立和封闭框架下的人性展现,忽视了人与社会环境的有机统一联系对影响

---

① 教军章,等.公共行政组织论[M].哈尔滨:黑龙江人民出版社,2005:151.

自我实现的发展以及调整社会关系的促进作用。马斯洛提出的作为人的最高层次需求的自我实现,仍是"西方文化传统下个体式的,其追求个人与组织的和谐,只限于目标和谐这一层次,而没有达到人自身精神上的和谐、人与人之间的和谐、人与组织及社会和谐的广度和深度"①。在人对自我价值和人生价值的追求层面,人们基于健康环境需要的生态意识还较为淡薄,未能形成具有普遍共生意义的"生态大我"伦理追求的价值引导。对社会技能的掌握更加注重人与自然共时态联系中人际合作关系的促进,缺乏社会合作和协调的生态整体性思维,资本主义社会的适应型变革仍旧受到狭隘的功利主义束缚,缺少生态伦理的精神价值引导,未能对人的生态化本质需求深化认识,难以超越人与自然在历时态联系中的认识局限,进而在自然向人生成的目的性改造过程中,无法从生态伦理角度满足人性在社会层面与他人、他物因共情产生认同的价值诉求,搁浅了对人与自然情感相互交融的理想化追求。

第三,行为科学组织理论在对生态利益关系的调整上歧视正式组织制度规范的管理保障。提出"相应推断理论"的美国心理学家琼斯(Jones)和戴维斯(Davis)在归因认识过程中认为,在许多情况下人们的行为并不代表他们的观点、信仰、态度、能力等内在属性,因而需要对行为者的意图和倾向进行相应分析的归因推断过程。组织中人的行为经常迫于生计或群体压力而轻视对生态利益关系的调整,这种逃避责任或盲从指挥的消极行为的出现,正是保护生态与环境的制度建构不尽完善,未能发挥公共政策的指导与强制作用而导致的不良后果。行为科学组织理论重视由群体形成的非正式组织的规范作用,强调正式组织与非正式组织的平衡作用,过分地偏重任由生态行为动机而形成的社会活动规律的探讨,贬低了组织结构、制度法规对生态利益的调整而使管理实践的实施效果大打折扣。生态化制度建构是实现人的活动规律与自然规律相契合的保障,能够促进保护和利用环境所产生的社会关系的协调,保证代际发展关系的公平和秩序。行为科学组织理论在生态利益关系的调整上仅从满足需求和情感归宿出发,缺少了制度规范对公共权力的生态政策控制和生态利益协调的有效手段,组织设计上的偏颇导致了个人主义的管理无序状态。可见,社会规范的重建必须对组织进行整体的系统研究,注重组织管理的全面性,将环境系统和管理系统有效融合,使正式组织制度为个人的生态观念和道德行为提供保证,满足生态伦理的制度化诉求,才能达到生态公益和生

---

① 赵德志.人性理论与管理模式[M].沈阳:辽宁大学出版社,1997:94.

态私益的协调平衡,最终实现集体和个人环境权益的和谐统一。

三、系统权变管理的价值探索——因境制宜

20世纪60年代以来,西方资本主义在第二次世界大战之后凭借科学技术的突飞猛进呈现出快速发展的势头。然而,20世纪70年代石油危机的濒临对全球商业环境造成了巨大的冲击,现代管理在不断加剧的企业竞争中进入了管理思想的多元化发展阶段。各种管理流派和理论日新月异地呈现遍地开花的盛况,出现了百花齐放、互促并存的局面,美国管理学家哈罗德·孔茨(Harold Koontz)将其称为"管理理论丛林"。这一期间,系统科学的理论深化和实践发展引导人们从动态、整体、均衡、开放的视角探寻管理系统中的相互联系和相互作用,以系统观点为理论依据的权变理论学派更为强调组织的环境影响,认为组织在面临剧烈变化、不确定性高、风险大的外部环境时,不存在普遍适用的、一成不变的最佳管理方式,应当随着环境的改变而选择相对适当的管理方法,从而确定组织系统内、外部以及环境之间各种变量的关系态势与结构调整,并一度尝试对各种管理理论进行综合,以期走出盘根错节的管理"丛林"。

(一)系统权变管理的"复杂人"人性假设基础

随着人性论的丰富发展,系统权变管理的人性假设基础建立在"复杂人"人性观之上。美国管理学家埃德加·沙因(Edgar H. Schein)集成了各种人性假设的分类,并提出了"复杂人"人性假设。在沙因看来,"经济人"人性假设、"社会人"人性假设和"自我实现人"人性假设在发挥组织功能方面都有一定的合理性,但其抽象的人性特征又都过于一般化,而未考虑到人的个体差异性和需求的变化性。鉴于此,"复杂人"人性假设不再局限于简单的、静态的人性假设认识,提出人的需求不仅是多种多样的,而且随着年龄、职务、境遇及人际关系的异同而持续发生变动。沙因针对管理实践中人性问题的复杂性,概括出"复杂人"人性假设的五个特点:"①人的需求会随着人的发展和整个生活处境的变化而变化,并因人而异、因情境而异、因时间而异;②由于需求和动机彼此作用并组合成复杂的动机模式、价值观和目标,因此人们必须决定自己要在什么样的层次上去理解人的激励;③一个人的动机模式和目标,乃是他的原始需求与他的组织经历之间一连串复杂交往作用的结果;④每个人在不同的组织中或是在统一组织内的不同部门中,可能会表现出不

同的需求;⑤人们对管理策略的反应,取决于他们自己的动机和能力及其工作任务的性质等。"①权变理论以"复杂人"人性假设为前提,从系统角度出发来强调系统与环境的调整关系,显现出管理理论向着实用主义方向发展的潮流趋势。

"复杂人"人性假设促进生成的"超Y理论"则进一步奠定了权变理论的基础。美国心理学家约翰·莫尔斯(John Morse)和杰伊·洛希(Joy Lorscn)在对"复杂人"人性假设进行的实证研究中发现,怀有不同愿望和需求加入组织的人们对"X理论"和"Y理论"管理方式的偏好不同,在控制监督效果、参与管理意愿、自主权力需求等方面的表现也相差迥异,因而得出进一步诠释复杂人假设的结论:组织的管理方式必须根据组织内外部环境自变量和管理思想及经验技术等因变量之间的函数关系变动地选择适合的管理方法,管理方式需充分考虑组织结构划分、工作分配和激励形式以及控制程度等因素与员工的素质和工作性质相适应。"复杂人"的人性观为满足人的变化需求建立起管理中各要素的密切联系,系统权变管理观既注重企业发展与其生态环境关系的目的性,又强调企业与生态环境之间的相互促进与制约的互动性。一方面,在各种要素构成的系统结构中,企业各部分的行为受整体对部分的关系制约,围绕着实现整体目标促使互相联系的各个部分发挥作用;另一方面,开始关注到人的多样性、变化性需求,强调组织和人与环境之间不断发生变化的相互影响,通过对企业中各个部分的管理和协调实现系统的高效运行。

(二)系统权变管理的管理模式:人境关系的动态化调适

系统权变时期,面对组织结构的日益复杂和外界环境的强力冲击,该理论的管理模式强调管理中多种因素之间形成的普遍联系,注重组织系统整体中各个子系统的独立功能和相互作用,反对追求普遍适用的、最优化的管理原则和模式,主张根据组织所处的内外条件及具体环境随机应变,在复杂情境的动态协调中实现组织的整体目标,促进人的多元的、不断变化的需求满足。

首先,管理系统随着环境的变动确定关键性影响。系统管理理论从保证组织有效运转的整体视角出发,将组织视为一个由人、物、社会在一定的目标下组成的开放系统,同时组织在这个一体化的大系统中又只是一个分系统,既受到环境系统的影响,又反过来影响组织环境。组织作为独立完整的综合系统又由内部各种分系统组成,其中包括目标与价值分系统、技术分系统、社会心理分系统、组织结构分系统等,这些相互独立的分系统彼此联系、相互作用,构成了不可分割的有机整体。

---

① 彭新武,等.西方管理思想史[M].北京:机械工业出版社,2017:77.

在组织面对瞬息万变的外部环境影响而显得无能为力时,权变管理理论克服了传统管理理论忽视外部环境因素的弊端,提高了人对复杂变化形势的认识,并促进了管理行为与其所处的特定情境相适应。"权变理论的基本命题是认为不存在一些可以不加鉴别地到处运用的普遍管理原则。相反,决策人员必须对技术和外部环境的不确定性这样一些关键性因素进行分析,然后采用那些适应某种特定情境的行动方针。因此,权变理论是一种管理的情境理论。"[①]权变管理理论继承并进一步充实了系统管理理论的发展,并由卡斯特(Fremont E. Kast)和罗森茨韦克(James E. Rosenzweig)在其合著的《组织与管理——系统与权变的观点》一书中牵起了两者之间的纽带,强调由若干子系统构成的组织所具有的多变量特性,使管理者力图明确组织历经不断变化甚至进入极端环境下的运行状况,并根据具体情形做出最适合的组织计划和实施方案。

其次,管理主体依据具体的情境做出适宜性调整。系统权变管理以综合整体的系统观打破了以往单一化的、静态的、非此即彼的理论限制,注重企业内外环境连续变化的动态性,使作为开放系统的企业在与外部环境不断地进行物质、能量和信息的交换过程中,建立起与政府、市场、客户等外部环境的紧密联系并与其相互作用,通过协调机制根据环境要素的不断变化促进企业的自我调节,伴随社会环境中科学技术、经济、政治、法律、供应商、顾客、竞争者等外部因素的变化,在企业系统整体目的的制约下对企业战略和管理职能进行调试,使组织和环境在一体化的融合中满足彼此适应的需要,在寻求动态平衡中维持和增强组织的生命力与竞争力。系统权变理论强调了随着环境的不断变化对管理系统及时调整以使组织与环境相匹配,与此同时,这种以"复杂人"人性假设为依据的理论形式,突出了依据复杂多变的社会情势灵活地采用相对适宜的管理措施以发挥人的主观能动性,注重不同情景条件对人的心理和行为的影响,从而满足差异的、变化的、多元的人的需求。因此,系统权变管理模式表现出系统全面的、复杂纷呈的、动态开放的选择和协调特征,注重人的自身特点和环境的具体要求以及介于两者之间的变化联系,其实质是为实现组织整体目标对相互制约、相互依赖、相互作用的组织或人与环境关系做出的一种适应性选择、协调或变革的动态管理模式。

(三)动态持衡的多元化政府伦理关系

在政府、社会、自然等要素形成的系统整体逻辑中,自然环境、社会环境、市场

[①] 马丁·J. 坎农. 管理学概论[M]. 张宁,等译. 北京:中国社会科学出版社,1989:51.

环境分别对应影响子系统与个体的生存环境、生活环境和经济环境。自然环境为国家和社会的生存与发展提供了物质资源基础,并为人的生命和健康提供了质量保障前提。社会环境的稳定有序能够满足广大民众对和谐生活的心理需求,有利于社会利益的创造和实现。市场环境的良性竞争和公平交易又需要政府为市场保持一个优化的盈利环境。政府作为社会及公众的委托代理人,推动生态行政的道德建设,通过约束和规范组织行为以满足公共利益,维护和保证公共物品的可持续利用,就成为政府这个最大的公共组织在不同环境的多元伦理关系中凸显主导力量和干预作用的一种必然选择。

1. 政府与自然的责任伦理关系

政府作为公共利益的维护者,在人境关系的协调过程中当属第一责任主体,而随着公共管理组织中生态伦理关系的显性化特征表现,势必要关涉公共资源保护、公共产品提供、公平利益分配等一系列价值问题,因而,美国行政学家大卫·K.哈特(David K. Hart)认为:"行政活动并非一项专业技能,而是一种社会实践道德的形式。"①生态伦理作为一种精神资源可以为政府提供明确的价值导向,引导社会充分尊重由生态道德形成的人与自然相互依赖的生存方式,促进政府在社会范畴推动社会信用体系的制度建设,充分利用非制度化的社会资本要素,建构社会信用关系和行为规范体系,增进公民之间的社会信任与团结合作。社会资本不但能够对法治秩序提供有效的伦理价值支撑,加强公共行政领域的社会整合影响力,而且可以通过人与人之间的社会交往和人境同构的公共生活提高社会整体的价值认同,促进政府的民主进程和运行效率。基于生态伦理反映出来的人与环境相互适应的社会结构越趋于合理,公共管理系统中政治、经济、社会等各要素之间的相互作用就越协调,公民的个性发挥也会表现最佳,最终实现系统总体功能的最优化。以生态道德规范作为协调人与环境关系的价值载体,有利于培育生态道德风尚推动的主要力量——社会成员的公民精神,使崇尚生态价值取向的公共精神嵌入社会结构中以调整人们的行为,通过社会资本的深厚累积加促社会成员间的互利合作,并借助政府权力的运用采用法律手段协调社会冲突,为社会的和谐稳定提供制度保障。

2. 政府与社会的和谐伦理关系

政府的公共属性决定了其为实现社会利益和解决社会问题而产生。所谓社会

---

① HART D K. The virtuous citizen, the honorable bureaucrat, and "Public" administration [J]. Public Administration Review, 1984(44):116.

利益,是指能够满足所有社会成员需要的,为社会成员所共同创造、共同享有的事物或条件。因而,无法为私人所提供且不能为个人所独享的社会利益也可以称之为公共利益。只有当政府将价值目标定位于整个社会的公共利益时,才能在合理的伦理关系中做出道德的行政选择。然而,政府的行为特性与其他社会主体相同,一经产生便具有实现自身特殊利益的动机。因此,现实中的政府行为就可能会因自身的利益诉求而偏离社会利益的方向,进而影响社会整体利益的实现。对于政府与社会之间出现的利益冲突和对立情形,必须要对两者之间的现实关系进行解构,寻求某种合理性的规范,以保证双方在相互依赖的关系中能够合作共存。同样,现实社会环境中各种利益集团都是以自身利益为前提从事社会活动的,政府只有尊重自身和对方的利益,正视双方利益的关联性,将社会资源的调配和公私利益的控制限定在一个合理的范围内,才能承担更多的社会责任以建构其伦理关系。政府与社会的关系随着历史的发展而不断变化,相对于社会的主动地位及能动性决定了政府必须不断调整治理社会的政治秩序,深化与社会的和谐伦理关系,才能更好地满足公共利益的社会需求。

3. 政府与市场的伙伴伦理关系

随着自由资本主义向垄断资本主义的过渡,亚当·斯密主张的通过市场这只"看不见的手"对资源配置的能力愈发欠缺,在自由竞争的制度安排下市场机制的自我调节作用开始失效,市场机制的自由运作能力无法在扩张而集中的规模化发展趋势中达到调控目的。20世纪30年代前后爆发的世界经济危机令强调市场调节作用的经济自由主义束手无策,自此,反对自由放任、主张国家干预经济的凯恩斯主义应运而生。政府对经济的干预范围遍布各个领域,随着干预能力的增强,政府的职能特征由协助市场转化为主导市场,通过社会管理和经济干预手段获得了生存资源,并证明了其自身存在的必要性和合法性。20世纪70年代,西方经济在石油危机的冲击下陷入了经济停滞,在政府的调配下资源垄断导致了通货膨胀、失业率上升等现象的出现,市场自由派在"政府失灵"中掀起了新经济自由主义思潮,减少政府干预的力量获得了支持,公众寄希望于市场力量的崛起以发挥其自身的调节作用。政府与市场两股力量在不可避免的互动关系中展开博弈,只有当政府与市场要素在相互依赖中有机结合,"建立一种有效的选择与协调机制,使人们能够根据资源优化配置的经济合理性原则和交易成本最小化原则,在不断的试错中寻求政府与市场的'均衡点'"①,才能在尊重并承认对方的前提下形成一种合作伙伴伦理关系以更好地约束自我,在相互补充、彼此合作的协调统一中进行适度的调整。

(四) 系统权变时期的方法论评价

权变理论反对不顾具体的外部环境而一味追求最佳的管理方法,强调要根据不同的具体条件采用适用的管理模式,与其说是一种理论,倒不如说是一种方法,这种基于比较分析的管理方式,分解了整体性的系统价值,在管理的环境要素和激励方式等方面缺少生态伦理的价值观照。

首先,系统权变理论忽视了从伦理层面对管理环境要素赋能。系统权变理论尽管在管理实践上更注重具体情境的联系,但是在方法论的使用上也存在着严重的缺陷。权变理论对各种理论和学派的整合只是一种表面的、简单的、逻辑的综合,对各种管理要素的统一还停留在形式上,仅仅限于考察各种环境的具体条件和情形,没有用科学的一般方法对管理逻辑层面各种要素的结合进行概括。其使用的方法仍然是基于传统管理理论的机械论范式,对于不同管理环境的方法实践遵循的还是一种线性的、决定论的因果逻辑,组织在面对复杂的、动态的、充满不确定性的环境时,缺少一种有机论范式的生态化整体视角,没能注意到对组织伦理价值诉求产生影响的诸多管理要素之间的多元并存关系和协调平衡作用。对源于笛卡儿-牛顿的机械系统观,卡普拉(Fritjof Capra)认为:"由于过分强调科学方法和理性的、分析的思想方式,形成了一种根深蒂固的反生态的态度。生态系统基于非直线性的循环流动,使自己维持于动态平衡之中,而直线性的思维正是理解生态系统的障碍。"②在生态伦理视域下,系统权变理论对传统管理理论偏颇的矫正,需要按照生态平等的原则设计组织结构,摆脱传统等级结构的制约,不再依赖传统统治型管理中权力关系的主导作用,使组织及其环境中普遍联系、相互作用的各个要素具备自觉履行相互尊重、彼此负责的赋能条件,形成志趣相投的认可和评价基础,使人、组织和环境获得协同发展的伦理支撑,激发系统耦合的价值创造力,从而调整各种复杂伦理关系以体现出系统的整合性能力。

其次,系统权变理论缺少公共利益价值需求的稳定性激励。系统权变理论仍然将人视为数学公式中的一个变量,只是在更为复杂的管理系统中建立起人的复

---

① 秦宪文.寻求政府与市场的均衡点[J].财经问题研究,1996(1):9-13.
② 张立文.和合学:21世纪文化战略的构想[M].北京:中国人民大学出版社,2016:481.

杂性、变化性需求与环境变量之间的函数关系。然而这种简单的理论框架难以穷尽所有的管理变量,对人的考察更多地强调人的发展需求的特殊性,而否认人的存在满意度的普遍性,偏重于"复杂人"人性假设的差异化个性而忽略了生态化共性,进而陷入了相对主义的泥沼。在视情境而定的方法选择上突出权变的灵活性,管理中缺少以生态哲学为基础的普遍性原则,对社会公共利益的目标未自觉形成一种责任伦理的价值导向,从而在伦理激励的管理行为中缺乏促使组织持续性发展的操作性。系统权变将人的多元化需求极端化,忽略了人的整体属性中各种局部的内涵之间的相互联系、相互依存、相互作用,在一定程度上忽略了复杂人性在动态变化的有机转化过程中基于发展需求的共同性和稳定性,从而无法真正地满足以人为目的的人本需求。

四、知识与文化管理的价值创造——互生共存

20世纪80年代,世界经济形势发生巨大变化,日本经过了第二次世界大战后的蛰伏期经济迅速崛起,一跃成为仅次于美国的第二大经济强国。面对激增的竞争压力,美国掀起了一股企业管理文化的热潮,通过对日本管理文化的研究以及对日美企业管理模式的对比,发现美国式管理由于长期以来在理性模式和数量分析主导下,应对商业问题惯于采用严谨的逻辑、精确的数据、科学的表述,忽视了对人性的关注、观念的培养、精神的追求。由此,西方管理界开始注重知识和文化的资本积累与运用,发挥其增强团队凝聚力和价值创造力的重要作用。然而,全球化资本输出的步伐加快,既推动了文化交会进程中价值观念的转化和同一,也带来了全球性生态危机、环境恶化、政治体制改革等一系列的挑战。生态化转向的知识和文化作为一种战略资产与创新能源,不但促进企业长期竞争优势的维持和提高,又是推动社会发展和进步的精神动力和智力支持。因而,发挥人的主体能动作用,在绿色革命中建立组织之间的互生共存,平衡各种文化力量以寻求冲突中的合作与共享,就体现出来这一管理时期的创造性价值。

(一)知识与文化管理的"文化人"人性假设基础

知识文化管理的人性假设是建立在"文化人"的基础之上,注重企业知识和文化管理中作为主体和载体的人的发展需求。随着信息技术的共享、文化差异的融突、知识资本的增值,企业界越来越强调知识与文化对企业发展和经济增长的重要性,重视知识和文化的作用与价值。日裔美籍管理学家威廉·大内(William Ouchi)经过对日本企业的考察研究,发现设在美国的高效日企既不是"J型组织"

(Japanese Organization),也不是"A 型组织"(American Organization),而是具有独特组织文化的"Z 型组织"。在大内看来,"Z 型组织"符合美国文化,继而从文化因素的实践整合角度出发,设计了美国的"A 型"企业向"Z 型"企业过渡的一系列措施。在该文化氛围下归纳的 Z 理论管理方法,强调企业建立密切的人际关系,加强个人之间的相互信任,使管理者与职工取得一致和统一。"文化人"人性观由威廉·大内通过对日本企业管理的研究总结出来的,主要内容包括:"第一,人是文化的产物,是有思想、有感情、有价值观的存在,人们实施的任何行为活动都深深地受到自身文化的影响。人的心理和行为归根到底是由人所具有的价值观决定的。第二,同一文化背景下的人拥有共同的心理和行为模式。不同地域、不同民族的人群都拥有自己的共同心理和行为模式,这些都源自文化背景对人们的影响。第三,人的价值观是可以被培养、塑造的。"①可见,"文化人"人性观注重人在成长过程中受到的思想、心理、价值观等因素的影响,试图以此激发人的无限创造价值。

"文化人"人性假设不同于以往人性假设中对人性的实体性描述,而是呈现出一种对人性不断生成的、逐步完善的和阶段发展的过程性描述。这种对人性认识的方法论变革不再囿于把人看作什么,而是更为注重如何去看待人。关于对人的本质问题的探究,德国哲学家恩斯特·卡西尔(Ernst Cassirer)曾用"符号"来定义人的本性,认为人通过符号的形式来表达文化的内容,只有将文化作为依据才能对人的本性做出深刻解读。马克思在揭示人的本性时指出,"人们是自己的观念、思想等的生产者"②,并认为,人类在改造自然的同时也改造和发展了人类自身,产生各种思想和情感,创造了各种形式的文化。人类通过劳动,在创造文化的同时也塑造了自身作为"文化人"的本质。"文化人"人性假设跳出了"经济人""社会人"对物或人的片面化理解的藩篱,开始注重价值观和文化传统,强调充分发挥人的自然智能和人工智能的潜力,从更高的层次探究物质、资本以及人的物质需求和精神需求对管理的决定性作用。一方面,人在追求客观自我与内心自我相契合的过程中要以量化的物质为参照满足生存和发展的基本需求;另一方面,人在心理条件和智力水平的主观限定下还要以质化的精神作为动力调整感情和心智的高级需求。因而,"文化人"人性假设并非对传统人性思想的否定和取代,而是在高度综合实体人性观的基础上,对管理思想演进中形成的人性假设理论的扬弃和超越。

---

① 何颖.行政哲学研究[M].北京:学习出版社,2011:137.
② 中共中央马克思恩格斯列宁斯大林著作编译局.马克思恩格斯选集:第一卷[M].北京:人民出版社,1972:30.

(二)知识与文化管理模式:人智关系的持续化建设

概括而言,知识文化管理是指组织将知识文化放在管理的中心地位并贯穿于管理活动的全过程,其核心是价值观管理。知识经济时代文化管理模式强调减少管理层级,压缩职能结构,建立紧凑、高效、灵活、快速、富有弹性的管理组织,主张把组织的发展和员工的成长紧密联系起来,该管理体系以智力资源为主体,通过知识和文化的获得、传递与应用过程,对人的心智、态度、精神力量进行有效性管理,从而创造出更大的价值以达到组织目标。智力资本(Intellectual Capital)亦有学者将其译成知识资本,最早系统地界定智力资本含义的是美国学者托马斯·A.斯图尔特(Thomas A. Stewart)。他认为,智力资本就是公司中能够为企业在市场上获得竞争优势的事物之和,并认为企业的智力资本价值就体现在企业的人力资本、结构资本和客户资本三者之中,也可将其称为"企业智力资本的结构"。英国学者安妮·布鲁金(Annie Brooking)在创建并领导欧洲第一个工业人工智能研究和咨询团体的实践中总结出,企业的最大资产就是继资本、劳动之后脱颖而出的"第三资源"——智力资本,并认为,智力资本是使企业得以运行的所有无形资产的总称。[①]这种涵盖了企业无形资产的新型资本,在企业内部由物质文化、制度文化和价值文化所构成的企业文化系统中展开相互联系的结构性作用,并通过管理行为主体的价值观念和认知能力进行企业运营的价值创造活动。首先,物质文化是企业的表层文化,作为制度文化的实施条件和精神文化的物质载体,在企业环境中以符号的形式体现。其次,制度文化是企业的中层文化,作为连接物质文化和价值文化的纽带,以法规、制度、习俗等外显形式反映出内含于人的意识观念。最后,价值文化是企业的核心文化,体现了全体员工所认同的共同价值观,反映了企业的信念和愿景。这三个层面构成了一个完整的体系,并在企业文化的同心圆结构中演绎系统辩证关系。其中价值体系作为开发智力资本的精神动源,为企业组织的长远发展提供了重要保障。

组织文化的内涵丰富,从狭义的角度可将其概括为团体规范、价值观念、思维习惯、心智模型、共享意义等。然而,埃德加·沙因认为,这些理解只是反映了文化的不同方面,并未解释出文化的本质。因此,沙因率先提出了文化本质的概念,并将组织文化分为人工制品、价值观以及潜藏于无意识中的基本深层假设三个层

---

① 安妮·布鲁金.第三资源:智力资本及其管理[M].赵洁平,译.大连:东北财经大学出版社,1998,13.

次。① 在沙因看来,组织文化的管理模式是由团体在探索解决对外部环境的适应和内部的结合问题的过程中创造与形成的基本假设所构成的,这种处于文化深层的假设内容可分为五个方面:一是关于现实和真理本质的假设;二是关于时间和空间本质的假设;三是关于人性本质的假设;四是关于人类活动本质的假设;五是关于人际关系本质的假设。② 组织成员所共同拥有的这些基本假设和信念作为文化的深层本质,决定着全体成员的思维模式和解决问题的方式,因此,挖掘出组织成员潜意识中的隐藏文化,通过正确解释文化的表现形式、行为规范和信念来源提供组织持续化建设的内驱力。组织以无形的智力资本形式反映着思想、知识、经验的开发程度和认知水平,体现出组织追求共同目标的精神动力和群体意识,并以提供的优良产品或优质服务为物质载体将组织的理念和精神贯穿于组织的共同价值观念、道德规范与行为准则之中,组织与成员构成的价值共同体营造出互生共存的管理文化氛围,在充分尊重和满足员工实现自我超越的前提下,大大提高员工创造价值的积极性,从而促进组织的持续发展和社会的整体进步。

(三)生态和谐的人本化行政文化结构

生态伦理观作为政府引导企业与社会的生态意识,调整行政人员和社会公民之间的行为规范,从伦理关系的角度将自然作为观照伦理的中介,更新了行政主体的人本化生态知识观念,将生态制度建设作为倡导并贯彻行政生态价值观的实践保障,并通过社会舆论、传统习惯和内心信念等文化力量加以维持,有利于行政决策者和执行者在生态职能的内化过程中发挥出生态价值创造的主动性和积极性,促进人与自然和谐共存的目标实现。生态伦理价值观的整体性指向易为社会群体所认同而奠定价值合理性基础,促使文化共同体达成尊重生命的价值共识,在人的全面发展中促成生态和谐目标的实现。

1.行政认知层面的生态知识转化

工业革命以来,人类在认知方面的最大偏颇就是过多地关注自身,偏重于物质文化层面的发展,仅仅满足于经济效益的物质生产,既没有对自然生态系统的承载能力给予充分考虑,又没有对提高自然资源的利用效率竭尽全力,从而形成了以浪费自然资源和牺牲生态环境为代价换取经济增长的黑色工业文明。由于西方自由资本主义推崇个人自由的法律观和权利观,人们为了追求效率无视自然规律,任由

---

① SCHEIN E H. The corporate culture survival guide: Sense and nonsense about culture change [M]. San Francisco:Jossey-Bass Publishers,1999:16.
② 埃德加·沙因.组织文化与领导力[M].马红宇,王斌,等译.北京:中国人民大学出版社,2011:100.

欲望膨胀而过度发挥着能动性,对资本、物质和技术肆意滥用,导致掌握的自然科学知识越多,引发的生态环境危害越大的后果。鉴于工业社会需要依赖经济的不断增长而得以生存,公共领域的生态政治亟待传承和发展先贤的生态智慧,以满足文化管理对知识增长的创新要求。因此,必须利用生态知识重塑行政价值观,坚持以人为本的价值理念,树立提高生产生活质量的价值取向,并将生态价值观内化为行政管理的公共职责。行政认知的生态化转向,需要自觉地把尊重生命放在首位,将执政行为融入自然生态系统之中,重新排列社会公共利益在法律利益中的位序,反对为了公共善而牺牲个人的基本平等权利,对以物质财富为目的的企业和个人的经济权利进行严格限制,使全体社会成员在共同利益的追求中互惠共享,满足政治的生态化诉求,促成生态和谐行政目标的实现,从而体现出公共行政的正当性。

2. 行政制度层面的生态法治建设

实现生态和谐目标的生态政治目标,需要依靠一系列公共生态政策的制定。这种正式的制度安排有利于刺激并制约人们的行为,提高政治执行主体的环境保护意识,规范执政者以身作则践行低碳的生活方式,倡导公民培养适度消费的生活观念,而且有助于政治、经济、环境在融合中协同发展,引导企业改进循环经济的生产模式,推动环保产业的持续发展,为生态文明的法治建设提供保障。尽管促进人与自然和谐目标的实现,有赖于建立和完善法律、政策、规则等制度体系,法制的建设仍要以法治为实现方式,并通过提高决策者和社会公民的制度意识,构建良好的生态制度文化。文化制胜的生态法治建设,不仅限于对公共管理部门中的各种权力加以约制,以此加强对社会的管理控制,而且应当在公共管理活动中对民众的生态需求积极回应,树立高度的社会服务意识。因此,促进生态文化经由理念共识落到实践行动,需要以生态法治建设作为生态政治制度的基本手段,一方面,要求公共管理人员必须在法定职权范围内行使行政权力、管理公共事务,监督政府行为符合生态法治化要求;另一方面,督促公共管理部门积极关注民众和社会的需求,并对此予以积极的回应和满足,从而保障和促进以生态和谐为最终目的的公共利益的实现。

3. 行政价值层面的生态伦理关照

生态伦理观念追求人与自然的和谐共存,旨在引导行政决策者着眼于长远的生态效益,从关切整体生存出发,确立人与自然的整体性思维,并在全体社会成员中形成文化共同体的价值共识,借助于文化力量这只无形的手将自然生态的价值、人对自然的尊重、整体利益的生态公平等伦理精神体现在公共行政的行为准则、道德规范和价值观念之中。首先,重视自然生态价值的行政理念。自然生态价值包括外在价值和内在价值,从文化作用的外在价值上,主要是为人所利用的工具性价值;从生命存在的内在价值上,它表现出创造生命和维持生长的生态价值。政府应引导社会形成对自然生态价值的认同,使生态意识自觉转化为社会行为习惯,利用行政职能凸显自然生态对于经济运行的环境支撑作用。其次,强调尊重自然的行政责任。树立顺应自然、尊重自然、保护自然的生态行政理念,肃清追求狭隘私利的人类中心主义弊病,合理认识公民社会与生存环境的权利和责任关系,将生态价值观的伦理关怀贯彻到各个领域,从而促进经济、政治、文化、社会和生态的协同发展。最后,追求生态公平的行政价值。弘扬生态正义的行政理念,追求生态公平的行政目标,保证每一位社会成员都拥有享有自然和社会资源的平等机会,逐步消除存在于各个阶层之间的隔阂、猜疑、抵触,通过生态文化制度的道德建设,确保子孙后代同样享有适合生存的环境资源。

(四)知识经济时代"文化人"的内在限度

"文化人"作为新锐的人性假设,强调了文化属性对人的影响和作用,在文化制胜时代展现出组织文化中意识、信念、价值观的整合力量,然而也存在着一定的内在限度。

首先,"文化人"人性假设忽略了人创造生成文化的主体作用,表现出物性化理解人性的工具化倾向。同传统的人性假设一样,"文化人"人性假设沉湎于对人的本能和本质的思辨,试图通过自然属性、社会属性和精神属性对人的本性进行概括和把握,对人性的描述从不同的视角切入表现出相应的属性特征。这种从人性假设出发追求相应的管理模式的理念思维,以管理主体的需求角度确立管理客体的动因,无形中造成了管理者与被管理者之间的距离。尽管,"文化人"人性假设以价值观为核心,强调了人的主动性和创造性,在一定程度上缓解了文化管理中主体和客体的对立局面,但由于受到工具理性价值取向的影响,知识文化管理仍未跳出人如何被管理的困境,寻求文化和伦理的技术性或工具性,人也就自然沦为被理想、信念和价值观等文化载体所牵引的客体之物。如此,人的本性需求就容易被管理效益的目标追求所忽略,人的成长与组织发展之间的内在联系被渐渐削弱,进而消解了文化管理中价值观的整体性功能,限制了文化促进组织和人融为一体的整合作用,遏制了人对自身发展的创造性价值的发挥,导致人与组织相互依赖、同生共存的原初设想也难以实现。

其次,"文化人"人性假设缺少生态价值的文化考量,割裂了人与自然的协调统一关系。文化作为社会的反映,如果不能促成人与自然的协调发展,将导致文化管理失去其应有的合理性。从生态哲学的角度看，人作为整体系统的调控者，应当以文化为中介建立起人与自然之间的伦理关系，不仅要关心自身的利益，还必须履行对生态系统的道德义务和管理职责。一方面，"文化人"人性假设强调文化对人的制约和影响，将共同愿景作为目标引导，约束和支配成员通过组织目标的实现而满足个人发展的追求。然而，管理实践仅突出思想意识、价值观念、伦理道德、行为习惯对人的主导性作用，忽略了人在与文化相互作用的过程中对自身存在状态和发展方向的不断调整。另一方面，自然环境为文化提供了存在和发展的物质条件，便于管理实践对自然环境进行改造和影响。人作为协调主体，并非一味消极地适应自然界，而是要能动地作用于自然界。生态存在论视角的切入，有助于揭示出文化与自然环境协调发展的生态价值取向，为管理和文化的结合提供充足的内在依据和理论基础。由此，生态文化观形构的过程性、关系性辩证统一整体，促进了人与自然之间的相互协调发展。

本 章 小 结

管理思想的流变展现了不同管理时期在相应的发展背景下管理价值取向的更迭和演进。林林总总的人性假设孕育生成了现代管理的各种管理思想及模式，经历了一个由推崇物质基础的单一价值标准转向追求精神满足的多元价值协调的过程，在表现形态与发展进程的统一中显现出现实意义和历史局限。以效率为导向的理性最大化的分析方法，对组织管理效益的提高具有积极的指导作用，但却容易抹杀价值目标的内涵，使人迷失于物的增值而阻碍了主体性地位的复归。生态伦理从整体利益的角度切入，为管理理论的发展打开了审视价值和重塑伦理的方法视窗，是对个人主义理性思维的一种补充，在保证个人基本权利的前提下注重公共利益的实现。生态伦理价值观的整体指向性为人的多元的发展需求提供了更为贴近自然本性的衡量依据，人与自然协调发展的理念也契合了行政价值中公共精神的体现。伴随可持续发展理念的提出，建立尊重自然的行政文化共识对行政行为的规范运行提出了伦理要求，在经济、政治、文化、社会的协调共进中表现出互生共存的生态意蕴。

第四章　现代管理的生态伦理价值向度

在现代管理价值的历时态分析中,生态伦理价值观念经过现代社会的发展获得普遍认同,拓展了人们调节社会关系的管理视野和价值选择空间,随着生态价值越来越受到重视,人们对伦理道德标准的思考和认识也在逐渐发生转变。党的十八届五中全会首次提出"五大发展理念",将绿色发展理念作为关系我国发展全局的一个重要理念。生态伦理是调整人与自然关系的道德基础,生态文明时代的现代管理发展将首要以生态化的价值理念来寻求管理的伦理价值驱动,凭借符合时代背景要求的道德支撑,为追求社会的理想状态阐释现代管理的生态伦理价值取向。基于生态价值观念确立现代社会管理的发展价值取向,建立人与人之间的道德行为规范,必须从生态的价值维度保证社会公正的行政伦理目标,才能实现生态秩序和社会秩序的有效建构,进而使行政伦理在生态化发展进程中达到自由的状态。现代社会管理主体既是社会活动的参与者,又是社会管理的接受者,尽管在相互交往中扮演不同的角色,但这种主客高度统一性却为展开类型化的社会行为提供了同质化的思维意识前提。无论是独立的自发性社会个体,还是联合的内生性社会组织,当具有相似愿望、需求或目标的社会主体要明确利益追求并促成目标实现,就需要探求能够彼此承认并遵守实施的社会规则,为社会管理自发秩序的形成和发展创造实施共同行动的条件。

一、现代社会管理的生态意识理念

现代社会要实现人与自然的和谐共生,需要为诉诸终极价值观念的理想目标向现实目标的部分转化和调整适应提供参照,以追求人与自然和谐发展的共同愿景为宗旨,对既有社会组织进行协调和改进,教育社会公民以促进生态善的方式关心公众利益,通过发挥公共组织和社会成员的能动性,使生态思维意识演变为达成生态伦理共识的管理原则,进而指导社会管理实践以实现社会的全面、协调、可持续发展。生态意识作为生态伦理价值观的先导和前提,为现代社会管理的实践变革提供了理论基础,生态健康意识作为社会与环境的健康标准,提供了促进社会协调发展的共识性思想保障。生态优先意识反映着社会持续健康发展的状态,生态环境意识则为引领社会绿色发展奠定了生态价值的认知基础。

(一)生态健康意识——推动社会协调发展

根据世界卫生组织在1978年对健康的重新定义,所谓健康是指人在身体、精神和社会关系等各方面都处于良好的状态,现代健康观不仅要求生理上的躯体无恙,还要心理、智力、道德、社会及环境等都达到完好状态。可见,这种从生物学意义扩展到社会生活状况的健康整体观认知,为生态健康作用的发挥提供了整体性的思维视角。美国经济学家西奥多·舒尔茨(Theodore W. Schultz)研究发现,20世纪上半叶促进美国农业产量激增和生产率提高的条件不再源于土地、劳动力或资本存量的数量增加,人的知识、能力、健康等人力资本的提高对经济增长的贡献远比物质资本、劳动力数量的增加重要得多,其中健康投入对推动社会经济持续增长具有保障性作用。生态健康作为人类社会与自然环境关系的健康标准,不仅注重人类个体的生理健康和心理健康,还要评价物理环境健康水平、生物环境健康水平和新陈代谢环境的健康水平,以及产业领域、城市领域和区域领域的生态系统的健康水平,显示出人与自然环境之间相互依存关系的功能状态的测度。阿玛蒂亚·森从自由的发展伦理观出发,将健康视为一种自由以及实际的可行能力,这种基本的自由正是以健康为首要前提和基础而成为社会发展的目标。因此,要想实现这种社会功能性的状态和行为,社会群体意识就不能仅包含生态健康意识的认知,以及表征着健康行为指向的生态意识态度,还应当对涉及生态知识和技能的健康行为能力提出要求。生态健康意识是人类认识能力的提升,作为产生生态行为动机的前提,在心理上为涉及生态动机的发端、方向、强度和持续性等形成思维途径,并促成社会发展实践活动中生态行为决定的做出,进而指导有关生态环境的实施行动。

生态健康意识反映了社会公众对生活质量提高的伦理诉求,具有推动社会协调发展的积极促进作用。现代社会发展取决于社会公众道德的水平,生态健康意识作为公众道德素养的核心部分直接影响社会建设的质量和进度。然而,这种注重人与社会达成自然和谐的公众生态意识需要在道德和舆论的作用下经过积累和培养逐步形成,进而动员公众自觉地、主动地参与环境保护事业建设,为推动社会的协调发展提供健康的生态环境。生态环境健康化就是保障自然资源丰富,促进自然资源和能源的节约与循环利用,促进人口、资源与环境的承载能力相适配,促使自然资源的使用符合生态系统综合平衡和持续发展的要求①,从而保证人在健康的环境下生存和发展。生态健康意识在社会管理观念上注重生态规律的支配作用和生态条件的制约作用,强调从生物与环境的整体优化目标来看待和追求社会发展②,通过对自然生态的辩证思考,使社会公共意识在生存和发展的哲学反思中获得理性升华,合理地运用生态理性处理人与自然之间的关系,并且协调生态权益以推动社会整体利益的发展。可见,只有优化生态环境、保证资源充足,才能通过提高社会发展的质量和效益促进社会的健康持续发展,最终实现富国强民的社会发展目标。

(二)生态优先意识——保证社会持续发展

西方工业社会的传统发展模式是以技术理性为评价标准,其中内含着一种积极性的价值预设,即追求生产效率的最大化提高以及经济、消费指标的最大幅增长。这种以社会生产效率为根本的发展模式,关注的仅是"如何发展",而并非"为何发展"的问题,其实质是对发展的方法和手段方面的技术性问题进行探讨,却忽略了发展在目的和价值方面的方向性研究。随着工业革命的到来,发达国家为了保持社会经济增长,将资源的挥霍浪费和环境的污染破坏视为经济发展而必须付出的合理代价,走上了一条浪费资源和先污染后治理的发展道路。这种片面的发展观遗忘了人作为社会主体对生存本质的需求,社会生产力缺少了伦理意识的生态基础而无法受到保护,在生产活动中造成了对自然的长远影响和后果,加剧了人与自然的紧张关系,显现出一种反人性、反自然的异化发展模式。现代社会经济发展对自然系统创造的生态价值的日益注重,源自自然进化中不以人的意志为改变的生态价值的优先性,印证这一特性可以以墨西哥湾的"氧亏"现象为例,"这种现象的出现使当地的海洋物种数量急剧减少,由此导致休闲垂钓、旅游业以及娱乐业的损失"③。可见,水源涵养功能的缺失直接影响了社会发展中的经济价值和精神价值。树立生态优先意识就是要转变传统发展观念,引导和培养生态整体伦理观念,通过政策性的保障促进社会生态规划发展的形成,使社会管理职能遵循自然规律以转化生态发展优势,发挥出生态环境建设的支撑作用。

承认生态的优先性并非要否定人类存在的价值和需求的满足,而是要在社会

---

① 周国文.生态和谐社会伦理范式阐释研究[M].北京:中央编译出版社,2019:82.
② 沈新平,陆建飞,庄衡扬.可持续发展的思想基石:生态意识及其培养[J].扬州大学学报(人文社会科学版),1997(3):69-70.
③ 戴斯·贾丁斯.环境伦理学——环境哲学导论[M].林官明,杨爱民,译.北京:北京大学出版社,2002:3.

发展进程中优先考虑自然的发展问题。社会发展无论从物质层面还是精神层面都必须依赖自然界,这就需要坚持树立生态优先意识和持续发展理念,使社会发展保持在自然承载能力的范围内对自然资源进行合理利用,注重对森林、草原、湿地等生态系统的恢复与保护,以生态价值的实现作为优先考虑的对象,在社会发展的无限性与自然承载的有限性之间寻求一种平衡与和谐。由传统经济优先的发展观向生态优先的发展理念的转变,也体现出公共管理部门对经济社会与生态环境协调发展认识的不断深化。在生态优先发展的认知中,恢复自然机能、平衡生态系统、丰富自然资源,均是为社会生产的价值创造筑牢自然的原初价值根基。我国政府在推动社会经济向有利于生态保护方向发展的进程中,先后提出了"经济建设和环境保护同步协调发展""又好又快发展""绿水青山就是金山银山""保护生态环境就是保护生产力,改善生态环境就是发展生产力"等一系列新发展观念,将生态优先意识作为保证经济社会协调发展和生态环境保护共赢的先决条件。因此,发挥生态优先意识在公共行政领域的引领作用以推动社会持续发展,首先要在生态建设事业中确立生态价值,用最小的生态成本发展经济,以经济成效为生态文明建设保障物质供给,以生态环境资源为经济持续发展提供良好的自然基础,根据生态影响评估保证政府行政的科学合理性,促进社会实现持续发展目标。

(三)生态环境意识——引领社会绿色发展

根据世界各国对社会经济和环境关系的持续领会剖析,生态环境意识的形成与发展经历了一个循序渐进的过程。生态环境管理意识由于受到历史认识的局限,在社会经济发展中往往让位于对经济增长的追求,致使实际行动脱离于生态意识进而形成两者间的明显差距。我国改革开放初期至20世纪末,政府的生态环境意识是以经济建设为核心,在工业化发展中侧重于追求GDP规模和增长速度,直到21世纪初才开始转变以经济增长为纲的发展理念。鉴于生产规模的扩张和经济增长方式的落后,有限的污染治理投入难以遏制生态环境污染加重的态势。2003年,中共十六届三中全会提出了科学发展观,并提出了统筹人与自然和谐发展的战略要求,强调对经济发展与生态建设之间矛盾的调节。这就需要从生态自然观的角度进行理性反思,以绿色发展观指导社会实践,促进生态价值观念的转变以及生态战略行为的调整。一方面,把社会发展与人类需求同资源耗损、环境退减等生态问题量化考量,使人类活动的干扰与生态恢复保持适当。另一方面,力求促成社会人际关系间的和谐,通过价值教化、观念变革、道德感召来增强生态环境意识,发挥政府规范、法制约束、社会调节和文化导向等公共管理活动的职能作用,逐渐实现人际关系内乃至代际关系间的调适与公正。因而,社会管理层面对生态环境意识的强化,必须从征服和破坏自然向和谐与保护自然的生态价值观进行转变,跳出以人类为中心的狭隘的发展理念,在人与自然相互平等、彼此依存的基础上建立和优化生态伦理,进而将生态价值观念和科学发展理念落实到生态环境保护规划中,促进绿色生产方式、提高社会生活质量的目标实现。

顺应生态文明的时代发展潮流,我国政府的生态环境意识在发展理念和实施战略中也发生着重要的转变。党的十七大报告首次提出生态文明,就是对生态环境意识的进一步强化,注重从国家管理层面加大对生态环境保护的力度,标志着社会发展观的转变和生态价值观的建立。改善生态环境和节约自然资源的绿色观念,需要转变人与自然之间的主仆关系,形成人与自然之间交互依存的相互平等关系。人作为自然界的组成成员,必须要依赖于自然才能生存和发展。习近平总书记提出了"人与自然生命共同体"的理念,因此,现代社会发展对自然资源的认识和利用,必须对生态系统整体进行合理有效的管理,注重非人类生命系统的普遍联系和互生共进。呵护生态环境意识具有引领社会走上绿色发展道路的导向作用,是在创造自然环境的福祉中获求人类自身的幸福的关键起步。由此可见,从生态环境意识层面不断深化对资源保护利用和生态治理修复的认识,应当强调社会经济建设中生态经济、循环经济、清洁生产的发展理念,推动绿色发展的环境立法,根据区域特征改进防治污染和生态修复措施,倡导绿色、低碳的生活方式以培养公众改善生态环境的行动自觉,为在形成物质文明、精神文明、政治文明和生态文明之间有机统一的互动关系中推进绿色转型发展提供技术支撑。

二、生态公正:政府生态伦理管理的核心价值

随着历史发展的变迁,社会的时代背景、生产力发展水平、生产关系状况和文化环境特质等因素都对不同时代社会公正的理解产生着深刻的影响。然而,人们却始终未停下过对社会公正这一最高理想目标追求的脚步。自古希腊时期开始,从个人自律出发注重社会成员的德行和智慧,中国古代亦将其确立为个人修身行事的最高道德理想所体现的个体公正,到公共管理从社会制度安排来调整社会成员关系及利益结构所维护的社会公正,都充分显示出人们对公正这种最高价值追求的渴望。公正作为公共行政的核心价值概念,统摄了平等、自由等道德规范,以生态公正促公共行政伦理中的社会公正价值,构成了生态文明政治建设的根本伦理规制,为公共治理中的生态秩序和社会秩序建构提供了功能性保障,将生态维度的道德考量纳入行政行为的职业范畴中,赋予公共管理部门以生态责任的道德

内涵,确保政府行政主体树立起生态公正的绿色政绩观。

现代社会的整体发展正处于由工业文明向生态文明的转变时期,公共行政对于社会公正的价值追求绝不能仅限于人类社会关系自身的范畴,而要将生态公正作为行政生态伦理的核心价值,在自然生态领域中确立公共行政生态公正观,以生态的公正来促进社会的公正。在生态伦理的视域下,现代公共行政管理中的生态公正,既要保证以生态环境为关切对象的自然公正,使行政活动遵循生态规律,通过环境保护的生态管理来维护生态的平衡,又要实现以人的生态需求为公共利益的社会公正,使社会成员公平地分配和使用自然资源,实现享有生态利益和承担生态责任的统一。

(一)生态公正是政府生态伦理管理制度的首要价值

首先,生态公正为政府确立生态价值理念提供价值判断的尺度。生态公正是从生命存在物之间的关系出发,批判人主宰并剥夺自然的权利,肯定人与生态之间的平等关系,强调人的生态责任和义务对生态资源的分配公正,从而达到生命存在物之间的和谐共生。政府通过调节社会成员之间的不平等关系来满足社会成员的生态道德期待,这种生态公正是按照社会公正的理论逻辑凸显政府行政的生态化价值引领,是行政伦理为实现社会公正所做出的一种狭义的价值判断标准。步入生态时代,生态道德关切的对象已经扩展为自然界一切存在物,政府应当对自身有悖于生态道德原则和规范的行为进行深刻反思,使行政伦理的生态道德判断标准符合历史发展的需要。现代公共管理强调社会公共性的本质要求,当前在社会公共生活的生态领域中日益凸显的生态公正需求正成为公共行政管理亟待维护的伦理价值指向。政府的公共性决定了其作为社会公共利益的代言人,是维护和实现社会公正的主要力量,因此,生态公正的整体实现必须要由政府作为主要依托,跳出以人类为中心的狭隘思维,从广义的生态公正角度把公正问题向生态领域扩展,在行政伦理中将自然生态环境纳入公正安排的范畴。遵循尊重自然、保护自然的价值理念以优化行政管理行为,强调生态规律对行政活动的指导作用,使政府的经济管理、行政管理行为符合资源和环境保护的生态发展方向。确立人与自然和谐共处的行政生态价值观,将维护生态平衡作为行政生态伦理的价值判断标准,在生态本位的行政理念指导下,通过政府生态管理职能的转变促进实现人与自然的和谐发展与共同繁荣。

其次,生态公正为政府转变生态服务职能提出伦理准则的制约。政府生态服务职能是生态行政活动的逻辑起点,政府生态职能的准确定位以及在此基础上生态行政权力的有效运用决定了政府生态服务职能履行的成功。1978年,我国在新宪法的规定中,首次将保护环境和自然资源确立为政府的一项基本职能。为了解决社会生产缺乏活力与效率的问题,经过20多年的改革,我国政府实现了从适应计划经济体制的职能向建立社会主义市场经济体制的职能变革,经济和社会协调发展的政府管理职能不断加强。这种以适应市场化需求为单向度的职能转变取向,主要是以"效率优先"为原则推进社会主义市场经济体制的建立,从而形成以提高效率为核心的机构设置和职能配置。20世纪90年代末,以美国著名行政学家罗伯特·B.登哈特(Robert B. Denhardt)为代表的"新公共服务"理论,强调政府要实现社会经济的协调发展,增加政府生态管理的公共服务投入。我国在党的十八大报告中提出推进生态文明建设的发展理念,将以往隐匿于社会职能中的生态服务职能凸显出来,使环境职能与政治职能、经济职能、社会职能、文化职能共同纳入政府基本职能之列,这就意味着政府应以公正的调控者的身份进入市场,解决市场机制无力将生态环境的外在因素内在化的问题,发挥宏观调控的干预作用,以提高包括生态在内的公共产品质量。然而,一些地方政府的环保职能主要集中在治理的方式和效果上,在环境保护的公共政策中尚未扭转为对自然本身尊重的公正理念,偏重于经济建设运用的政府职能在公共权力渗透到经济利益的调整中,仍然将自然资源看作可以计算的市场交换价值,以经济发展和社会稳定为由阻滞或推迟中央环境政策。生态公正对政府职能提出的制约准则,要求政府从人与自然关系的层面探究生态破坏和环境污染等问题产生的深层根源,将自然自身的公正价值列为行政伦理的生态目标,使政府职能的转变从自然生态效益的整体和全局出发,使政府生态服务职能由注重对资源的开发利用转向加强政府对生态环境的保护、修复和改善职能,在生态政策制定与执行职能中加强人与环境的相互关系的协调,使生态管理和监督职能既满足提供公共产品以实现社会价值,又满足维护生态秩序以保护自然价值,增强政府对生态职能的执行力度以及政府的生态使命感,用生态公正来引领和促进社会发展公正。

(二)生态公正是政府有效实现社会公正的伦理保证

首先,生态公正为政府公正理念纠偏加入生态维度的规定。政府对待公正理念的态度决定了政府的政策导向,政府的生态行政的实践效果体现在政府对生态公正理念的理解及现实化的过程中。中华人民共和国成立初期,我国政府在平均主义的政府理念下,实现了生产要素占有的平等化以保证社会格局的平等分布,在建立起公有制经济体制以消灭私有制的运动改革中,公平化的分配制度使得社会追求结果的平均化。这种反对剥削者的形式公正否定了个体差异性的自然法则，造成了追求结果均等的事实不公正。为了提升行政效率，政府在整合社会力量和配置资源使用的行政改革方面开始向效率价值倾斜，在市场经济运行中表现出以提高效率为社会价值目标的手段公正。然而，环境资源的不可交换性和不可逆性，都揭示出单独依靠市场力量根本无法解决社会发展中的环境问题。当今世界在以市场为前提的经济体系运行中，效率仍然是现代管理的主要目标，管理对效率价值的青睐倾向于对市场指令的听从。当公共行政管理以效率为唯一的评价标准时，则极容易使政府为实现短期利益和局部利益的功利效率而产生管理效率的异化，曾经盛行一时的 GDP 主义就是政府追求现实功利而偏离了社会可持续发展长远目标的最好例证。公共行政领域的效率价值的实现必须要与公正价值相统一，并将社会公正理念加入生态维度的考量，满足社会公众对自然资源、生态环境的分配公正诉求，在生态公正的平等原则基础上实现生态领域的社会公正。时至今日，生态公正已成为政府对社会公正完整认识不可或缺的重要组成部分。一方面，生态公正是政府行政伦理精神向社会公正的延伸和扩展。当今环境问题对社会发展的极度影响已然波及政治领域，工业化发展过程中所产生的对生态环境的严重破坏必须要由政府及时有效地解决。从政治视角看待生态问题，政府只有从人与自然关系的协调出发，在社会公正中加入生态公正的规定才能够全面反映社会生产生活的系统秩序，坚持普遍共享原则，持续不断地保护社会成员的生态权益，保证全体社会成员共同享有生态文明发展的成果。另一方面，生态公正是政府行政价值原则中社会公正的表现和反映。生态公正反映了政府行政公正的实施效果，在以社会为中介的施政平台上，公正是公共行政追求的核心价值，社会公正对生态公正规则和秩序的建立起到决定性作用。"自然界的人的本质只有对社会的人来说才是存在的；因为只有在社会中，自然界对人来说才是人与人联系的纽带，才是他为别人的存在和别人为他的存在，只有在社会中，自然界才是人自己的合乎人性的存在的基础，才是人的现实的生活要素。"[①]因而，生态公正的建立在本质上需要政府以维护社会公正为依托来建立一种承认自然的公正价值，最终实现人与自然之间的权利和义务的公正交换。

其次，生态公正对政府分配生态资源强调差异化的生态责任。按照传统的社会公正的理论思路，生态公正强调的是社会内部的公平，使所有人享有生态利益和

---

① 马克思.1844 年经济学哲学手稿[M].北京：人民出版社，2014：79.

承担生态责任相一致,包括生态利益和生态责任在当代人之间、当代人与后代人之间实现分配的正义。政治哲学家约翰·罗尔斯(John Rawls)所提出的正义理论中的差别原则强调最小受惠者的最大利益,在生态领域中,由于不同的生态利益主体享受到的生态权利不同,因而差别原则同样适用于维护生态义务公平。政府坚持生态公正的差别原则,需要在生态权益的分配上优先倾斜于生态权益享有的贫困者,根据不同责任主体的能力差异制定具有等级区别的责任标准,以利于生态共同责任的现实履践对不同主体间矛盾的化解,最大限度地增加落后地区和劣势群体的生态利益。同样,国际不公正的政治经济秩序,致使贫富悬殊的国家在资源占有和享用上严重不均,发达国家理应为追求自身发展而过度消耗资源的行为履行治理生态环境的相应责任,在应对全球生态环境问题时要优先照顾发展中国家的生态利益,对于掠夺发展中国家的自然资源、转移重污染和消耗型企业到发展中国家以规避高昂生态成本的不公正行为,有义务为其提供相应的资金和技术支持,以协助被转嫁生态成本的国家解决生态污染的治理。"社会公平强调政府提供服务的平等性,强调公共管理者在决策和组织推进中的责任与任务,倡导公共行政的社会公平是要推动政治权利以及经济福利转向社会中那些缺乏政治、经济资源支持,处于劣势的人们"①。因此,政府不仅要以权责对等原则协调社会不同群体中的生态利益冲突,使国家、地区、企业、个人等全部生态主体在享受生态权益与承担生态义务相匹配,还要发挥实现社会公正的主导作用,把生态环境破坏严重地区的居民生态权益保障置于优先地位,打破以往社会发展中的权利和义务的分配格局,使经济社会发展成果受益较大的发达地区和优势群体承担起更多的生态责任,将改善落后地区和劣势群体的生态环境条件作为政府的首要责任,缩小生态资源和环境分配使用的差距以促进社会公正的目标实现。

三、生态自由:公共管理秩序建构的目标价值

自由是人的本质追求,生存于自然和社会的人类个体始终致力于追求摆脱必然的束缚和限制。法国思想家让-雅克·卢梭(Jean-Jacques Rousseau)在其所著的《社会契约论》的开篇就曾经提到,"人生而自由,但却无时无刻不在枷锁之中"②。在没有法律和道德的自然状态中,个体能够通过近乎自足的存在而获得自

---

① 丁煌.寻求公平与效率的协调与统一——评现代西方新公共行政学的价值追求[J].中国行政管理,1998(12):83-86.
② 让-雅克·卢梭.社会契约论[M].何兆武,译.北京:商务印书馆,2003.

由,但在外部环境的影响下,人们要改善生存环境必须以联合的集体形式结合为社会,这就难免受到社会枷锁所累,甚至堕入政府为维护统治阶级利益的专制统治之中,妨碍个人权利和自由的实现。在伦理规范的限约下,管理秩序的建构源于人的生态性的根本价值需求,人所具有的自然和社会的双重属性决定了其对自由的价值目标的追求,既包括对自然必然性的自由,又包括对社会必然性的自由。维护公共利益的政府公共性价值指向,需要在道德的引导和制约下实现生态与自由的结合,并在支撑社会秩序协调的公共精神本质体现中获得自由。

(一)生态自由是政府建构生态秩序和社会秩序的使命

首先,生态秩序的建构彰显公共精神的自由价值指向。传统行政管理在技术的支撑下专注于效率价值,致使道德效力长期低迷,最终导致公共伦理缺失。近代自然科学的迅猛发展加快了西方工业社会生产分工的专业化进程,极大地提高了人们对自然客观规律的认识和利用,在管理协调的相互制约和促进作用下,使人们在自然中获得了很大程度上的自由。近代资本主义社会物质财富的激增验证了"资产阶级在它的不到一百年的阶级统治中所创造的生产力,比过去一切世代创造的全部生产力还要多,还要大"[1]。但是,资本主义社会对改造自然能力的加强,是以人类中心主义征服自然的自由为价值导向的。人类中心主义伦理观的自由意志,由于超越了一切规定性和限制而沦为一种否定的意志,这种缺失了任何规定性的自由,实质上并不是真实的自由,反而使自由在人与自然的二元对立中渐渐疏远,导致管理对自由的不断僭越。西方资本主义的政府管理以获取物质财富为目的追求效率至上的经济主义发展,试图用征服自然的自由意志来获取社会经济利益,实际上是脱离了整个自然世界的束缚而满足人自身的需要,其所展现的并非意志的自由,而是一种意志的任性,尽管在社会生产领域中取得了显著的成果,却要付出沉重的环境代价,而且这种通过拷问自然、逼迫自然而获得的自然必然性,代表的仅仅是政府权力的意志,而不是公众的自由意志。"意志要成为意志,就得一般地限制自己。"[2]政府在生态维度的自由意志,要求把管理活动保持在限定的生态阈值范围内,对自然的基本的生态存在方式予以尊重,使生物界的第一自然与社会的第二自然相融合,呈现出自然基于物质资源供给的自由存在状态。然而,根据英国哲学家以赛亚·伯林(Isaiah Berlin)对自由的区分,这种自由只是满足了政府

---

[1] 中共中央马克思恩格斯列宁斯大林著作编译局.马克思恩格斯选集:第一卷[M].北京:人民出版社,1972.
[2] 黑格尔.法哲学原理[M].范扬,张企泰,译.北京:商务印书馆,1982.

不受外力强制的"被动"自由,相应地保证了自然获得免受侵害的自由,而政府"主动"自由的实现,还必须要超越对自然的征服,使社会规范既合规律性又合目的性,建立和谐的生态秩序以体现出阿玛蒂亚·森所谓的"自由的能力"。按照森的观点,政府有能力为获得使其之所以成为政府的功能而做的,才是对自由更为深刻的把握。社会发展公共性的价值诉求,要求政府在公共管理中以公共利益最大化为依归,生态伦理规范对政府成为其所是的自由价值目标的给予,正是以保障公共利益为根本渗透在政府建构生态秩序所彰显的公共精神之中。政府作为社会转型发展进程中稳定秩序的最大供给者,社会发展的生态化转向标志,必须在政府与社会、权威与自由、公民与自然之间寻求一种平衡关系,使政府的公共精神强化自身的主观自由意志与自然界的生态普遍性达成统一,以促进自由、秩序、公正、公共利益等现代公共行政价值目标的实现。

其次,社会秩序的建构寻求公共权力的"非均衡性"自由状态。公共管理的社会秩序建构中,政府的权力意志渐趋淡化并以伦理精神取代,在理性的支配下追求道德的自由存在。社会经济活动是依据经济理性逻辑,在市场经济的自由、平等契约交易中以形成自然秩序的均衡状态为根本目的。政府对社会秩序的提供和保障,不能仅仅依靠行使具有强制性的公共权力,还要在体现出维护公共利益的公正价值中,发挥公民社会多元组织的协调作用,在社会管理和行政管理中以实现政治权力的非均衡状态为根本目的。"政治权力的'非均衡'现象的产生,来源于政治权力主体同时并存着权力与权威这样两种既有联系,又有所区别的影响力。"[1]马克斯·韦伯认为:"权力意味着在一种社会关系里哪怕是遇到反对也能贯彻自己意志的任何机会,不管这种机会建立在什么基础之上。"[2]作为政治资源的权力在社会范畴内表现出来的资源稀缺性,使得行政领域中行为主体出于自利性的本质属性而对行政权力拥有无限的欲望,正如英国哲学家托马斯·霍布斯(Thomas Hobbes)所说:"我首先作为全人类共同的普遍倾向提出来的是,得其一思其二、死而后已、永无休止的权势欲。造成这种情况的原因,并不永远是人们得陇望蜀,希望获得比现在已取得的快乐还要更大的快乐,也不是他不满足于一般的权势,而是因为他不事多求就会连现有的权势及取得美好生活的手段也保不住。"[3]权威则表示权力客体对于来自权力主体的支配和控制合法性的认同与接受程度。其内在属

---

[1] 刘志伟.略论经济权利与政治权利的分野[J].中国浦东干部学院学报,2015(3):94-101.
[2] 马克斯·韦伯.经济与社会[M].林荣远,译.北京:商务印书馆,1997:81.
[3] 霍布斯.利维坦[M].黎思复,黎廷弼,译.北京:商务印书馆,2009:72.

性的本质规定性决定了权威具有无限性的特征。法国启蒙思想家孟德斯鸠（Montesquieu）曾断言："一切有权力的人都容易滥用权力，这是万古不易的一条经验。有权力的人们使用权力一直遇到有界限的地方方才休止。"①现实行政生活中，公众对以权谋私所形成的"权力—地位—财富"生态利益链条现象往往怀有仰慕而非憎恶之心。由于自然资源与社会资源的有限性，人们在利益的实现程度上远远抵不过利益的追求目标。面对这种追求最大化权力以满足无限私欲的社会不良风气的盛行，公共权力的运行需要在公众的监督视野下，凭借行政主体的无限权威杜绝公权私用的权力腐败之滥觞，维护权力与权威之间的非均衡状态，以使公民权利与行政权力之间保持一定的张力，约束和控制行政权力的无限膨胀和极度扩张，从而使行政权力自身在理性的支配下保证公民享获权利的自由。政府既是自由的保护者，又是自由的威胁者，在社会秩序的维护上，公共权力的强制运行以威胁或惩罚为手段，通过法律制度的形式合理性来展现强制力的行使有效性，相对于强制性权力发挥作用上的有限性，伦理道德在价值合理性上的深刻反映则突显出它对于社会秩序建构的优先选择性。生态伦理道德对于社会共同体在实现社会道德整合与社会秩序稳定上，在道德的原则、规范以及理想和信念方面均体现出对行政人员和社会成员的约束与指导作用，使行政伦理规范在道德规约下追求一种更为持久而稳定的道德化社会秩序。因而，政府公共权力在行政伦理引导下，要寻求多元公民组织协调关系中维护社会公正价值的规范化和秩序化，通过赋予社会成员独立自主、平等参与的权利，使主权者获得具有限制性自由权力以推动社会的自主自由发展。

（二）生态自由的公共管理对于个体自由和社会秩序的平衡

首先，生态自由促进道德规范的自由选择导向公共管理的生态责任。1992年，一百多个国家在巴西里约热内卢召开了联合国环境与发展大会，会议讨论通过了《里约环境与发展宣言》和《21世纪议程》两个纲领性的文件，从而确定了生态环境保护与经济协调发展以及实现可持续发展为人类共同目标和行动纲领。我国《中华人民共和国环境保护法》明确规定政府对环境负有保护责任，使政府为维护公共利益而开展的行政管理活动注重对生态行政责任的加强。然而，尽管生态环境问题被越来越多的国家视为重要的政治命题，但生态自由却趋于显化为一个伦理问题，需要对自由从生态伦理的角度予以阐释，才能在公共管理领域中保证生态

---

① 孟德斯鸠.论法的精神[M].张雁深,译.北京：商务印书馆,1982:154.

行政责任的自觉承当,从而使社会整体面对生态利益达到真正的自由状态。马克斯·韦伯所设计的官僚体制中的行政人员由于岗位及职位的设置而获得掌握和行使行政权力的合法性,行政人员只要在其岗位和职务上通过发挥相应的功能而完成预计的任务,就已经实现了既定的行政责任。然而,这种定向的、预设的责任体系并不需要过多地涉及伦理的考量,官僚体制的形式合理性阻断了行政人员与政府组织在整体责任上的价值链接,失去生态利益的公共伦理指向,行政人员只需要满足政府交代的规定性责任,这既缺乏维护公共生态利益的动机,也不关心为公众提供生态服务的公共意志。在行政人员的生态责任方面,西方国家的官僚制主要是以客观性的、强制性的制度等规则体系加以强化,并不限定行政人员提高生态道德意识予以保障。法律制度所确立的生态责任对于行政人员的最低限度的生态责任规定,表现出程序意义上的行政责任,行政人员按照程序运转的规定做出的生态行为选择,尽管其行政行为可能符合法律和制度的规定,却可能违背公共意志而欠缺生态合理性。即法律制度只能抑制行政人员出于生态恶的行为选择,却无法弘扬行政人员基于生态善的责任精神。生态伦理不应是行政人员谋求私利的工具,也绝不是屈从于自然的枷锁,而应是行政人员自觉通过道德选择承担生态道德责任对生态自由的担保和实现。生态自由的公共行政责任应当追求生态道德的自觉而不是他律性的制度和体制设计,如果生态自由的实现仅仅寄望于制度的完善和体制的改革,则只能使行政人员奔走于有待修缮的制度漏洞中,有意无意地逃避实现生态自由的行政责任,最终导致每个行政人员将承担那种消极而被动的生态责任变得理所应当。现代公共管理中,行政主体的生态管理行为应当建立在公共意志的基础上,行政人员只有从生态道德的角度才能理解和把握公共意志的生态伦理属性,使行政人员在生态领域中的公共意志体现出具有生态道德合理性的伦理精神存在。因此,公共行政中的生态道德责任是行政管理人员在履行岗位职责之余,实现生态自我价值的行为选择凭借,不仅起到补充生态法律责任的作用,更是在生态道德行为的自由选择中凸显生态法治的伦理精神。可见,健全公共行政的生态化路向应当是实现公共行政对自由的生态道德自觉,促进公共行政的生态道德化发展,从而保证公共行政在提供和维护社会建构公正秩序的过程中主动地承担生态道德责任而获得并展现自由。

其次,生态自由的公共行政保证了个体自由与社会秩序的统一。在近代自由主义奠基者中,法国政治思想家本杰明·贡斯当(Benjamin Constant)对人的自由进行了比较分析,区分了古代人和现代人对自由的不同追求。前者的目标是在共同国家的公民之间分享社会权利,表现为积极而持续地参与集体权力,后者的目标则是享有受到保障的个人快乐,表现为和平的享受与私人的独立。这两种对自由的不同看法分别发展成为以社会为本的自由观和以个人为本的自由观。西方的政治哲学看待个人与社会的关系问题经历了跌宕起伏的发展历程。自古希腊时期始,亚里士多德(Aristotle)就强调了人在城邦政治生活中的社会性。同时,德谟克里特(Democritus)又用原子论的世界观阐释了个人与社会的构成。随后,伊壁鸠鲁(Epicurus)提出了个人快乐至上论,并认为人们应当竭力避免参与公共生活而享受快乐。欧洲中世纪时期,宗教政治通过禁锢和压抑个体的理性来控制的行为,致使世俗生活中的公民亟待打破封建神权专制统治而向往个人自由。文艺复兴运动在自由精神的倡导下,将个体主义思想奉为资本主义社会的管理价值并产生深远的影响。比如,约翰·斯图尔特·密尔(John Stuart Mill)在谈及个体自由时认为:"个性的自由发展乃是社会福祉的首要因素。"①在试图寻求个体与社会相统一的自由原则过程中,密尔始终站在个人主义的立场上,将自由价值与个体的幸福和利益相结合,他坚信,社会利益仅仅是个人利益的综合,社会中的个人终归是从自身的利益出发而实现对社会利益的维护的。直至19世纪,以强调个人自由为根基的个体主义思维被以崇尚社会秩序为核心的整体主义思维所取代。由法国哲学家奥古斯特·孔德(Auguste Comte)创立的实证主义社会学理论,就极力反对个体主义而注重社会秩序,诚如孔德在《实证政治体系》中所提到的,自由是政府在现代公共管理中应当具备的一个重要伦理特征。由于"管理的社会属性蕴含着人类的社会生态适应性"②,政府组织的结构设计就要满足生态职能要求来实现对自然必然性的超越。因此,政府对公共权力的行使需要体现出合乎生态化自由的伦理价值,在社会中建构社会秩序以保证社会运行的稳定。20世纪60年代,新自由主义学派兴起,公共选择理论的小政府主张削弱政府对市场机制的宏观调控作用,倾向于消极自由主张的英籍奥地利经济学家哈耶克(Hayek,F. A.)就试图以市场机制的自由来保障个人利益的合法获得,谋求个人利益最大化的经济理性逻辑尚缺少生态伦理的整体视角,终会使得社会秩序的维护难以为继。公共行政的伦理价值正体现于追求自由和秩序之间的平衡。个人依赖社会的生活方式使其远离自然,减少了与自然直面的机会,个体在社会化过程中虽然摆脱了自然压力却承接了来自社会的压力。而过度的社会强制只能维持社会僵化秩序的存在,必然会对个人和社会的长远发展形成阻碍,阿玛蒂亚·森切入生态伦理视角提出"可持续自由"的主

---

① 约翰·密尔. 论自由[M]. 许宝骙,译. 北京:商务印书馆,1959:60.
② 谢斌. 人本生态观与管理的生态化[M]. 北京:科学出版社,2009:79.

张,在关于是否应当维持人的自由来看待环境问题上,他诘责道:"难道我们不应当保护当代人的实质自由'而又不牺牲未来各代'拥有类似的或更大的自由的能力吗?"①森的发展观注重人对美好生活的选择,把发展视为人获得真实自由的一种过程,提出"发展必须更加关注使我们生活得更充实和拥有更多的自由"②。因而,公共管理应当适当限制社会的强制力度,给予充分的个人自由,促进社会持续发展,使社会的强制保持在社会存在所必需的最低限度,保证社会的自由处于所能容许的最大限度而使人们感到幸福。政府作为社会的代言人,其本质要体现在对社会公共利益的维护,而生态伦理中的自由价值本质上又要求社会的自由意志与自然的生态普遍性达成统一,因此,生态自由的公共行政伦理目的就是要建立生态道德理想化的公共秩序来最大限度地保障个体自由,从而协调个体自由和社会秩序之间的平衡关系。

四、生态平等:道德主体利益协调的价值根基

传统社会的道德思想变革在于康德把道德归结为人的理性和自由意志,从而宣扬道德的崇高与权威。然而,面对现代社会的管理现实,作为价值观念体系的道德还需要以人的生存发展实践来阐明一定的行为准则和规范,寻求道德权威性的来源和保证。现代管理的生态伦理实质表现为,社会生态意识形态下协调人与人之间利益关系的社会机制,这种依据权益平等原则的伦理道德应该以人的利益为逻辑起点,以环境道德的规范行为确立维护社会稳定发展的生态伦理实践观。需要廓清的是,现代管理的生态平等观切不可混淆人与自然物之间的本质区别,将"权利平等""主体"等仅适用于人类社会领域且具有管理实践价值导向的概念,套用到自然领域用于解释自然现象,例如,非人类中心主义就把人与自然放在一个绝对平等的位置,致使人降低到自然生物的水平,在脱离了人类管理实践活动的美妙幻想中将人与物彼此等值。由此可见,只有坚持科学的唯物史观,在现实实践格局的支撑下,通过人的主体性的管理实践活动,才能正确理解生态平等的现代管理价值,在积极主动的自然改造中牢筑伦理协调的价值根基。

(一)生态平等建立起兼顾自我与他者的管理伦理观

在价值观形成基本一致的社会背景下,社会伦理领域的道德主体之间遵循互

---

① 阿玛蒂亚·森,贝纳多·科利克斯伯格.以人为本:全球化世界的发展伦理学[M].马春文,李俊江,等译.长春:长春出版社,2012:33.
② 阿玛蒂亚·森.以自由看待发展[M].任赜,于真,译.北京:中国人民大学出版社,2013:10.

换互信原则,尽力保证道德主体行为的合道德性,使得每个人都能够获得人道的待遇。生态伦理扩大了道德关怀的范围,将权益平等的原则从人类社会扩大到自然界,提出尊重生命和自然界的权力来维护人类与非人类生命体之间的伦理关系。显而易见,人与非人类生命体作为道德主体,两者之间存在着非对等性的伦理关系。如果说,主体对等性伦理必须遵循市场经济领域中的等价交换原则,通过起码的商业协议和诚信约束作用,使道德行为具备一定的交换条件特质,那么,在现代社会复杂多变的环境下,生态伦理作为主体非对等性伦理则具有一种非条件性的伦理特质,使得人与自然之间、不同社会群体之间的交互关系必须具有向善的道德伦理导向。这种向善性的生态伦理正是通过人与自然、强势群体与弱势群体之间的制度安排和道德规范,在现代社会管理中构建起相对稳定的伦理秩序,从而体现出生态权利和生态发展的平等价值。生态伦理的平等价值理念在尊重生命和自然万物的前提下,需要将主体间性或"主体—主体"关系和人与自然或"主体—客体"关系置于一个具有兼容性的逻辑框架中,通过多极主体对以自然为中介的共同客体的改造,才能在结成"主—客—主"关系结构的管理实践中解决主体间性与自然客体性之间的矛盾。如此,每个人在面对自然客体时,实际上就是通过中介客体来与另一个"他者"主体相遇;每个人与环境的关系不过是"我"与"他者"关系的一部分;"我"所面对的环境,或迟或早都会成为"他者"实践的客体。[①] 因此,在人与自然构成的主体非对等性生态伦理中,以自然环境因素作为载体,受制于人与自然关系影响的生态道德规范,就必然基于人与人之间的生态平等权利在社会交往互动中建立起一种兼顾自身利益与他者利益的管理伦理观,从而体现出"我"对自然生态权利的尊重即是对"他者"生存权利的尊重,"我"保护环境的利己行为同时也构成了间接保护"他者"的生态利益的利他行为。

(二)生态平等确立了利己和利他相统一的共生管理实践观

主体非对等性的生态伦理决定了自然环境无法做出与人相同的道德感应,人作为唯一具有理性和实践的能动性主体,确定了现代社会管理的生态平等实践观必须建立在以人为本的生态伦理理念基础上,在管理实践中突出以人为核心的道德感召与自觉回应,道德关怀的主体资质要求人类必须自觉承担维护生物和非生命体的责任。然而,现代工业社会凸显了人的主体性认识,从人的物质利益和生存目的出发,过于强调人的理性、主观的能动性价值。这种主体性的极端化发展,使

---

① 刘大椿.从中心到边缘:科学、哲学、人文之反思[M].北京:北京师范大学出版社,2006:274.

人以征服者的身份自居而凌驾于自然之上,导致了人对自身价值的片面化追求,忽视了自然生态价值而陷入了人类中心主义的圈套。这种人类中心主义本质上是一种自我中心主义,它依据主客二分的思维逻辑将人与自然基于协同共进的平等互利关系变为单纯满足自我欲求的主客体关系,从而加剧了人类的生态危机。生态平等遵循人类社会与自然环境协调发展的原则,从人与自然万物平等共生的角度出发,既肯定人的价值,也肯定自然生态的系统价值。在社会管理实践层面,生态平等的价值理念要求现代管理的价值追求不能仅限于单纯的经济利益,而应注重自然生态对社会经济活动的制约作用,强调社会经济利益与自然生态之间的依存关系,力图在现代管理实践中实现道德利己与道德利他的统一。从管理目的与管理效果的辩证关系来看,组织的自利性目的是管理实践活动的必要驱动因素,自利是利他的前提和动因,利他是自利的补充和条件,但管理目的实现的可持续性却必须要以观照自然利益为前提条件,尊重自然和生命以促进人与自然的协同共进。按照马克思关于人的对象性活动的理论主张,人的本质力量的发展和实现程度,只能靠实践的结果或实践的对象来充分地体现和确证。利己与利他的管理实践互动关系就以客观自然为对象建立起了促成彼此价值生成的内在关联,道德利己与道德利他的有机结合、彼此互补,实质上就是自然生态系统价值的实现过程。值得注意的是,这种共生共进的管理实践观不能以片面化的道德利他为动机预设,因为个性利他行为的实质仍属于利己性质的行为,只有以自身价值为条件的全面性的个性利他行为,才能促进道德利己性与道德利他性的有机糅合,在自我与他人、社会、环境、自然万物的交互中体现出互依共存的生态伦理潜质,从而确立共生共进的管理实践观。

(三)生态平等形成了从协同发展到互利共赢的管理协调观

公共管理条件的变化,促使不同社会主体形成了共同参与、开放合作的管理格局,并构建起一个完善的多极主体管理的制度体系,以解决多元社会组织之间存在的生态利益冲突与矛盾。一方面,现代组织系统内部的高度专业分工必然要求其各部门及各环节要以团结协作的密切合作提高效率,进而在同行业领域中保持更具优势的竞争能力;另一方面,现代组织外部环境时刻发生的剧烈变化,使得社会组织与外界的交互沟通必须竭力满足各利益群体的合理性要求,从而在维护进一步的协作关系中增加多元组织共同参与管理的社会整体利益。鉴于全球共同体的推进,生态思维转向中的公民权益打破了民族国家的限制,而且包括政治权益、经济权益、文化权益和生态权益等在内的整体权益。罗尔斯顿曾提出以"最优化思维"替代"最大化思维",即要求社会发展不能仅聚焦于经济利益的最大化,而应当"既赢得生态效益,也赢得经济效益",就显现出一种经济与生态协调发展的互利性思维。① 在这种互利共赢的生态思维指引下,现代社会公民的生活保障权利问题的解决,不仅要满足个人的经济利益,还要体现个人享有生态权利的尊严,以生态平等为原则注重生态利益分配结果的平等性,缩短弱势者与既得利益者的差距,为双方向自我实现进阶创造相对平等的环境和条件。生态思维的互利性从生态权益公正角度引导每个公民为良序生态共同体的构建承担相应的义务,提供更加平等的社会政治条件以祛除生态治理外部性的功利引诱,使多元社会主体在平等享有参与建构的权利中共同承担责任。这种互利性思维既在强化社会强势群体的生态责任基础上,使保护社会弱势群体的生态权益成为协调生态利益的直接动力,同时,又要在关于生态公民权利的博弈决策中,削减对弱势群体生态利益最大化的侵害行为,避免强势群体肆无忌惮地谋求个体的功利利益,保证不同阶层、不同组织的社会群体在博弈结果中形成生态权益的均衡,保证基于公民权利的生态平等理念为多元主体之间的相互尊重、包容合作提供前提,在政府提供的协同管理的主导框架下,促进政府、企业、公民个人以及相关社会组织展开开放包容的合作交流,通过生态法律制度的不断完善使其能够兼容各方利益诉求,发挥不同职能部门的通力合作,优化市场资源配置,积极引导生态环境政策,使协同化的多元主体形成增加社会整体公共利益的合力,在推动社会协同发展的进程中实现互利共赢。

五、生态和谐:和谐社会伦理调和的价值趋向

无论中国古代先哲的和合伦理,还是西方政治哲学家的理想城邦,都把和谐作为探索生存之道和社会发展的价值追求。重审贯穿于儒、释、道各家旨在省察和处理人与自然、人与社会、人与自身的思维和观念,我们可以发现,上述三大关系恰与"生态"的含义——"一切生物的生存状态,以及它们之间和它与环境之间存在的普遍联系"相一致。顺应时代发展要求,在管理哲学的视角下寻求生态和谐的价值合理性依据,从组织内部要素的有机关联到与外部环境的互动适应,阐明生态和谐的现代管理价值取向,对实现社会的健康可持续发展具有前瞻性的指导作用。和谐的生态伦理既不能囿限于制度安排,更不能依靠强制约束,它是一种人的生存态度的持有、生活状态的反映、生命深度的创造。可见,生态和谐既是生态伦理的基

---

① 叶平.关于环境伦理学的一些问题——访霍尔姆斯·罗尔斯顿教授[J].哲学动态,1999(9):32-34.

本规范,在管理活动中形成的人与自然生态的道德关系,又是人类社会的伦理标准,使人发端于内心自觉而显现出人文精神。

(一) 匡正自然价值的理解偏失:重构价值理性

效率价值是现代管理最为关注的直接目标,在资源的有限性与人的无限需求之间的矛盾这一假设前提下,效率的高低不仅是管理者能力的表现,还影响着社会发展的进步水平。传统的工业社会的发展模式是在科学主义的世界图景下,采用数字化的方式对自然进行精确的解剖,在自然奥秘的探索中获得了认识自然和改造自然能力的显著提高。现代管理效率的大幅提升应当归功于工具理性的运用,在工具理性思维预设的"理性经济人"假设前提下,人的行为模式按照理性的计算方式来获求自我利益的最大化。这种追求规则化、程序化、数量化的观念,仅注重管理目标的实现方法和手段,造成了从事实层面追求真理客观性的管理主体的非人格化,使人们忽视了人的价值生成依赖于自然的馈赠。工业文明的物质主义使人们为了利益的纷争而展开了向自然的掠夺,工具理性的过度使用缺少对人的行为目的的思考,导致人对自然工具价值的片面化追求,"一旦人类对待自然的工具主义心态与个体本位的人类中心主义相结合,人对待自然的态度和行为方式就不仅仅是纯粹的利用和占有,而且还是一种'丛林法则'或'人狼战争'规则支配下的人对自然资源的弱肉强食般的竞争性掠夺"[①]。在强人类中心主义价值论的肢解下,社会价值从系统严整的环境、生态价值中被孤立出来,使自然价值或环境价值与人类社会价值相对立。生态伦理学对自然价值理论的提出,为生态和谐价值理念的建立提供了依据,对以人为中心的传统价值观提出了颠覆性的挑战。然而,生态中心主义伦理观所确立的不以人作为参照的自然内在价值,却饱受人类中心主义的诘难。关于自然价值的评价标尺,笔者既不赞成人类价值中心论,也不支持自然价值中心论,因为两者都在主客二分思维中单向地强调人的价值或自然的内在价值,我们认为,生态和谐社会管理中的自然价值是人与自然经过相互作用、相互渗透、相互包含而存于"人化自然"之中,为实现人、社会、自然的和谐目标,基于生态整体主义的理性认识而体现出来的系统性价值。

现代管理的客体作为一个多元性的整体,既包括管理实践活动中的自然对象,又包括管理关系协调中的人的活动,所以,现代管理活动要在自然生态环境对管理目标的制约前提下,保障社会关系的协调必须符合依赖环境生存的人们对社会和

---

① 万俊人.生态伦理学三题[J].求索,2003(4):149-157.

谐的发展要求。从整体主义生态伦理的视角切入，生态和谐的自然观一以贯之地将自然世界看成是复杂的有机整体，用社会道德来对人们从地球获取自然资源的管理行为加以约束和调整。要发挥制度对构建和谐社会的保障作用，在技术要素的支持下推动社会的可持续发展，我们首先需要对人类理性有一个客观而全面的认识，矫正以往对自然工具价值的偏颇认知，将其理解为满足人的生态需要的应然过程。对应工具理性概念，马克斯·韦伯率先提出了价值理性，它是指人们对生存目的、价值指向、基本责任等方面的思考，是对人的行为目的的深度追问。价值理性关涉人的存在和意义，通过理性的把握方式去探求善和美的真谛。因此，以工具理性探求自然规律来实现综合性的自然价值，必须要保留精神和目的性的旨归，用价值理性的追求目标来调整工具理性的反噬作用，在人的选择的合目的性与自然选择的合规律性的相互统一中实现人与自然的和谐相处。马克思认为，"社会是人同自然界的完成了的本质的统一，是自然界的真正复活，是人的实现了的自然主义和自然界的实现了的人道主义。"①唯有人在管理中真正践行了尊重自然、保护环境的生态文明价值观，才能够维系自身置于其中并赖以生存和延续发展的生命载体，即在人与自然界完成本质的统一过程中，达到人与自然的和谐共生。

（二）整合智力资本的生态价值：凸显人文精神

传统生产力仅仅专注社会资本形成的社会生产力，以推动社会物质生产为主要方式，追求创造劳动价值的效率最大化，以此满足人们对物质生活的需求，但物的积累对人性造成的压抑，反而使人变为促进物质生产的工具，出现了马克思所谓的"劳动的异化"。马克思曾概括了人的本质，即人是一切社会关系的总和，在这个由无数个相互联系的个体因子构成的社会有机体内，社会的和谐发展取决于人的本质力量对象化的结果。现代社会发展随着知识资本形成了知识生产力，使人力资源成为决定组织发展的重要资源。组织文化的积累构成了整合员工知识、信仰和行为方式的文化传统。从组织的内部管理层面看，遵守生态伦理道德和规范的组织会降低防范组织员工逃避责任的管理成本，并提高社会大众对组织的信任感。将生态伦理的人文精神注入组织文化与管理目标中，使崇尚生态和谐价值观的组织在社会和谐的目标愿景和领导的生态道德品质的感召下，通过组织内部产生的激励效应，增强团队的凝聚力，提高整体的道德素质，激发成员的工作热情，从

---

① 马克思.1844年经济学哲学手稿[M].北京：人民出版社，2000：83.

而大大提高组织的管理效率。可见,管理实践过程中必须要赋予人文关怀,注重人的精神文化,关心人的生存环境质量的提高,遵循生态理性思维,在生态价值的追求中强调人推动社会和谐发展的主体地位,使人与人之间和睦相处,从而促进人与自然的和谐共生。这既坚守了生态伦理所提倡的人与自然不分等级、协同共进的平等性原则,以及对环境利益满足的公正性原则,又具有现代管理中的整体性价值、可持续发展、人本化诉求与和谐性关系的伦理意蕴。

从生态伦理的角度来看,生态社会是人类社会与自然世界的本质统一,是人与人的关系和人与自然的关系的辩证统一。生态社会本质将追求人与自然的和谐作为内在目的,把保护自然环境作为人类理应承担的道义。[①] 这种道德承诺的生态文化积累,构成整合组织员工知识、信仰和行为方式的生态文化传统,表达了社会管理活动必须控制在生态阈值之内,生态和谐社会建设必须以环境承载力为前提,注重生态环境的承载能力和自净能力,适度开发和利用自然资源的价值取向,既满足人的物质需求,又要保持生态平衡。经过人的自为形式与自然的为人形式的统一合作,文化知识以知识资本的形式,在创造知识价值的社会财富中就具有了资源的价值意义,其开发和利用又将成为管理效率的决定因素。丹尼尔·雷恩(Daniel A. Wren)曾经对资源这样定义:"资源可以是人制造的,也可以是天然的;这个词既包含着可被利用来实现某种既定目标的有形物质,同时也包含着那些无形的努力……人的思想和努力也是资源,因为它们设计、调配、决定和开展了导致产生商品和劳务的活动。"[②]可见,组织中对人的潜能经由人文过程实现的人文资源,以知识、信息、形象、关系、观念、体制等为形态,伴随经济的发展和科技的进步不断丰富自身,具有取之不尽、用之不竭的可持续再生性。这种通过文化积淀、开发和利用而反映出人的智慧、能力和习惯的人文资源,在管理的人文意义上透显出人的文化价值。现代管理的人文过程即需要按照管理的人性特征、人际关系、人文结构,对人与自然的关系进行协调,并在协调的合理性寻求中获得强烈的归属感、认同感和互动感,社会组织中的人通过改善环境中各要素之间的普遍联系,使自身与他物共在共生,在人与组织、环境的有机统一中体现了人的能动性和创造性,并在现代管理的协调中极大地突出了人的主体性地位和作用,彰显出人文的意蕴旨向、人文的精神内涵以及人文的统合综效。

---

① 曹孟勤,徐海红.生态社会的来临[M].南京:南京师范大学出版社,2010:255.
② 丹尼尔·A.雷恩.管理思想的演变[M].李柱流,等译.北京:中国社会科学出版社,1997:5.

(三)提升道德的生态人格品质:实现生态自我

生态和谐价值观念作为人的内心信念,使人充满了对自然和谐的向往和期盼,给人以超越利害而达到与世界本真相融的天人合一境界的动力。这种境界能够使人与自然、主体与客体、感性与理性处于自由自觉的和谐状态,实现人的全面发展和生态环境的自然平衡。生态伦理为信仰缺失的精神流浪者提供了心灵回归的路径,使渴望身心和谐的人能够找到提升精神境界的适当方式。冯友兰先生根据人们对宇宙人生觉解所达到的水平和宇宙人生对于人所呈现的意义不同,把人生境界划分为由低到高的四个层次:自然境界、功利境界、道德境界和天地境界。在生态伦理广袤视野中,拾级而上的生态道德境界在不断提升和超越的过程中,体现出人对动物关心、对生命爱护以及对自然感恩的情怀,使人作为道德主体的人格得到升华。在冯友兰看来,最富有哲学意义的天地境界,需要人具有一种觉解,不但对人类社会有所贡献,而且对天地宇宙也有所贡献,"这种觉解为他构成了最高的人生境界,就是我所说的天地境界"①。人要进入这种境界,则不仅要能尽人之性,还要能尽物之性,包涵着生态整体视角下"天人合一"生态伦理理念的和谐意蕴。《周易》生态和谐思想中的"善",不仅指宇宙自然之道的本性,还包括人的本性,天地万物以"和顺"抑或"太和"为宇宙自然的最佳状态,人在追求宇宙自然至善的过程中,同时也体现出人的生态智慧和道德精神,使人的主体性的发挥注重对自然物的关爱,让人获得安全、健康、愉悦的体验而进入最佳的生态和谐状态,表现出一种生态人本管理的和谐价值取向。

以色列哲学家马丁·布伯(Martin Buber)提出,人看待世界时执持"我-你"和"我-它"的双重态度,前者可指人与自然融为一体的关系,后者则是主体与对象、目的与手段的关系。他认为,当人类摒弃目的与手段的工具理性思维,将人与自然置于"我-你"关系之中,才能洞察到自然的本性并发觉真实的自我,在反抗与超越"我-它"关系中生成为人。② 人作为天地之秀、万物之灵,若想通过人与自然的合作共赢的管理模式达到共生共荣的管理境界,就必须消除管理域中自身内部系统和自身系统与环境系统的分离与对立,使企业管理系统在对外部环境的适应中达到内外部协调统一。企业只有超越团体利益和地方利益至上的利益视界,协调好物质利益和精神生活之间的平衡,才能推动企业利润获取与员工身心健康的协同

---

① 冯友兰.中国哲学简史[M].北京:北京大学出版社,1985:292.
② 马丁·布伯.我与你[M].陈维纲,译.北京:三联书店,1986:51.

发展。领导者必须摆脱功名、利禄、富贵、金钱等欲望的诱惑,才能获得自由放达和崇尚自然的心灵启迪与精神力量,从而引导整个社会的物质生产与人的精神需求之间达到臻善和谐的状态,使社会系统与环境系统在协同演进的过程中,逐步缓解由于资源争夺的市场竞争而引致生态环境破坏的矛盾。管理者应该严格督导和监察生态化的社会生产方式,以"减量化、再利用、资源化"为原则,采用循环经济增长模式,达到节约资源、减少污染的生产目的,提高资源的利用效率,促进资源的综合开发利用;推行低碳经济模式以应对全球气候变暖问题,在能源利用、技术开发、产业转型等方面满足清洁性生产要求。社会大众应该拒绝物欲掩盖下对生态环境造成致命性影响的虚假需求,以确立生态文明生活方式为原则倡导人们理性的回归,坚持生态消费观的基本原则,即适度消费原则、人与自然和谐共生原则、绿色消费原则、以人的全面发展为终极目标的原则四个方面[①],实现有利于人类更好的生存和发展的进取之至善、健康之发展,使人在生态自我实现的追求中自觉地承担起"参赞天地之化育"的伦理责任。

本 章 小 结

　　现代管理对生态伦理的价值诉求,亦是生态伦理从意识、思维、范式等不同层面在现代社会管理过程中发挥引导和推动作用的过程。生态健康意识为社会持续健康发展提供了保障条件,生态优先意识引领社会走向绿色发展的生态文明道路,生态环境意识又决定着生态文明建设的程度。社会协同治理结构发展趋向于由一元价值向多元价值转变,现代思维向生态思维的转换体现出最优化整体发展和互利性协调发展对功利型发展模式的超越,由道德义务向信念理想的价值升华,凭借强化社会主体自律保证社会生态治理取得实效。生态伦理范式基于社会发展的生态共识理论,推动社会生产的可持续性发展,继而在倡导生态化生活方式中促进幸福和谐生活的真正实现。现代行政生态价值观的确立需要将生态公正作为行政伦理的核心价值,加强政府的生态管理,完善政府的生态服务职能,将公正理念扩展到生态领域中,以生态公正促进社会公正。在公共行政的秩序协调中赋予生态伦理的价值关照,引导政府代表社会发展的公共意志在生态秩序建构中彰显公共精神的自由价值指向,谋求公共权力在社会秩序建构中的非均衡性自由状态。生态

---

① 陈艳玲.论生态消费观的构建及其意义[J].生态经济(学术版),2007(2):444-447.

行政的道德化发展为行政生态责任的承担提供自由的目标价值指向,通过自由和秩序之间的协调和平衡体现公共行政的伦理价值。探寻现代管理的生态伦理决策模式,应以生态理性为逻辑路径,将人与自然和谐共生作为评价标准,注重多元利益的协调平衡以及社会发展的公正平等,对绿色发展时代的领导科学决策提供思维变革和行为实践的生态价值导向。

第五章　现代管理的生态伦理价值实现困境与出路

在现代管理价值的历时态分析中,生态伦理价值观念经过现代社会的发展获得普遍认同,拓展了人们调节社会关系的管理视野和价值选择空间,随着生态价值越来越受到重视,人们对伦理道德标准的思考和认识也在逐渐发生转变。生态伦理作为调整人与自然关系的道德基础,在现代管理的发展进程中首先要以生态伦理的价值观来寻求管理的伦理价值驱动,通过目标的确立、责任的落实、制度的完善、理念的创新等管理活动形式发挥沟通、协调和控制等管理职能作用。然而,现代管理的生态伦理的实现尚存在诸多困境与矛盾,需要引起政府部门和社会大众的注意与重视。管理活动中仍然普遍存在的公平价值失允、发展目标偏失、生态安全威胁及生态文化冲突等严重阻碍了生态伦理的价值实现,构成现代管理中生态价值实现的主体困境、目标困境、秩序困境与文化困境。因而,为促使生态伦理更加符合现代管理的价值标准,需要化解上述困境的束缚,以生态伦理道德确认多元主体的差异化责任,以生态伦理战略推动生态化社会经济发展,以生态法制建设强化政府的生态安全责任,以生态文化创新促进生态文明的发展建设,使生态伦理的价值取向更加符合现代管理的价值标准。

从生态伦理的视角出发,现代管理发展中人的主体性、工具理性及管理目标都面临着困境。对个人利益的追求、科学技术的崇拜、经济增长的迷信,使得人们在管理中完全以自我为中心,只满足于物欲贪婪地吞噬而迷失了自我,贪图眼前的利益而割裂了与自然、社会、他人之间的内在联系,造成了人对自然的统治和掠夺,丧失了主体性。对个人利益的无限追求又使人丢弃了对社会和他人责任的道德追求,缺少价值理性,造成工具理性的价值失衡,把人变成物、工具、机器,剥夺了管理中人的创造能力;受限于功利目标的追求而更为注重眼前的利益,单一地追求经济增量而忽视了管理价值层面中的公平正义,导致了人与自然发展的不协调。因此,现代管理中主体性的衰落、工具理性的异化、发展方向的偏离都限制了生态伦理价

第五章 现代管理的生态伦理价值实现困境与出路

值的实现,成为阻碍人类健康持续发展的羁绊。

一、现代管理的主体性困境:主体价值的公平失允

现代管理的主体性困境,源于人与自然主客二元对立的思维禁锢,割裂了人与外在环境要素之间相互关联、有机统一的生成性与整体性认知,未能认识到人的主体性存在和客体性资源的辩证统一关系,致使人的主体性在向自然征讨的高歌猛进中遭到报复而日渐式微。人类中心主义的自然伦理观漠视自然的生存价值和尊严,使管理导向了偏重物质富足和经济繁荣的发展目标,而人却沦为管理目标的客体,在人性发展程度和人类生态智慧的检验中,降低了人的主体性地位。整体主义生态伦理局限导致了以自我为中心的极端个人主义,在抽象人的类概念的掩饰下人破坏了自然满足其需要的客观条件,反而失去了"中心",局部利益的驱动造成了不同国家、地域、群体之间资源分配的不公正、不平等,本应普遍享有和公平利用的环境权益无法获得保障,致使人作为唯一具有内在价值的主体在物欲的支配和统治下逐渐失去价值的光辉。

(一)主体性缺失成因

首先,人与自然的主客二元对立思维过度张扬了人的主体性。生态伦理是探讨如何处理人与自然之间关系的伦理理论,在关于以人类为价值中心和以自然为价值中心的理论激战中,人类中心主义和生态中心主义的两大流派分别支持各自的理论观点和文明形态。自古希腊时期,智者派的代表人物普罗泰戈拉(Protagoras)就以"人是万物的尺度,存在时万物存在,不存在时万物不存在"[①],将人从自然中剥离出来,并使人高居于自然之上。"近代哲学之父"笛卡尔(Descartes)用理性解开了人与自然生物集合的纽带,主张人类"借助实践哲学使自己成为自然的主人和统治者"[②],进而成为自然价值的主体。文艺复兴运动将人的能动性发挥推向极致,真正确立起人类中心主义,在"知识就是力量"的认识论转向中推动工业革命进程,展开了对自然的全面征服。德国哲学家伊曼努尔·康德(Immanuel Kant)进一步提出"人是目的本身而不是手段",使趋于完备的近代人类中心主义理论在理性力量的指引下,不断挖掘人的创造价值对自然奥秘进行探索,使人的主观能动性得到充分的发挥,加快了工业文明发展的脚步。然而,人所依据的理性法则是在机械自然观的指导下围绕效率价值进行运转的,并且在机械自然

---

① 苗力田.古希腊哲学[M].北京:中国人民大学出版社,1989:181.
② 周辅成.西方伦理学名著选辑:上卷[M].北京:商务印书馆,1964:593.

观和近代人类中心主义伦理观形成的表里关系中,主客二分的人类中心主义主张只有作为主体的人具有内在价值而相应地把自然界工具化的价值观,片面地强调为自然对人的价值而忽视了自然对人的制约性;把人的内在价值与自然界的工具价值彻底分离,过分夸大了人类征服和改造自然的主体性;将人与自然界之间界定为一种否定、对抗和斗争的关系,拒斥人与自然界两者之间的肯定、和谐和统一,使人的主体行为的价值合理性在全球蔓延的生态危机中遭受质疑,主体地位不断下降,导致了人对物的自然在工具性价值层面的过度索求,而缺失了现代管理主体对自然价值在生命支撑、科研探索、审美艺术等其他层面的需求考量。而生态中心主义在反思人类管理活动造成的环境和社会危害时,将生态系统的价值置于人的利益之上,认为"人并不是最高主体,更不是绝对主体,自然才是最高主体,甚至是绝对主体"①,将人所具有的内在价值赋予自然,在提高自然地位的同时将人置于自然的附属地位,甚至要求牺牲人类的生存需要和社会发展而使人消极地服从于自然,颠倒了人与自然存在物的关系,从根本上否定了人在自然界面前的主体性,抹杀了人的主观能动性,其本质上仍然陷入主客二元对立的思维逻辑而未能超越人类中心主义,导致了以生存发展为根本需求的人的主体性在对世界的再次二重分割中被淹没。

其次,整体主义生态伦理的抽象思维忽视了管理主体的异质性。无论人类中心主义还是非人类中心主义,在探讨环境资源和生态问题方面都是从抽象意义上强调整体性对象的权利和价值。这种整体主义生态伦理的抽象思维,或者过分强调生态整体利益而忽视个体利益,容易促成以牺牲个体生态善来成就整体生态善的导向,最终将要面对"生态法西斯主义"的诘问;或者普遍使用人的"类"整体概念,导致人类在资源享有权利上处于客观事实的不平等与不公正。相对于后者而言,抽象的"类"主体只会掩盖管理世界中发达与不发达国家的不同利益主体的多元性和复杂性,混淆现实中贫富之间差异化的利益主体所造成生态问题的社会原因及影响。然而,生活在不同时代背景和社会阶层的现实的人作为具体而有差异性的主体,由于处于存在着特权等级制度和支配制度的社会结构之中进行利益分化,使生态境遇各异的主体受社会统治和压迫而引起了利益差别,构成了管理主体的异质性特征。而"正是这种带有压迫性的社会结构依次产生了强化统治一切的

---

① 卢风.社会伦理与生态伦理[J].河北学刊,2000(5):12-17.

思维方式和生活方式,包括对自然界的统治"①。以人类类主体为整体性概念的全称命题表述形式是基于生态伦理对生态危机的普遍化认知,然而,这种对无差别主体的认识论基础却容忍甚至默许了对自然资源和生态环境造成不同破坏后果的国家、地域或群体之间的不平等性。而出于局部的群体性正义原则的解决方式往往仍然是站在既得利益主体的立场上为其摆脱或逃避本应承担的责任。西方生态伦理中不乏为发达国家的生态侵略提供借口的理论依据。G. 哈丁(G. Harding)的"救生艇伦理"认为,富国与穷国犹如漂浮在大海上的救生艇,承载力有限的"救生艇"只能保持富国永远处于"救生艇"上,任凭人口增加和资源消耗的穷国掉落大海等待救援,倘若全部登艇就会因超载而翻船。因而,哈丁得出应当限制贫穷国家的发展而避免出现失去承载力的"公用地悲剧"发生的结论。

(二)主体性困境的表现

人类为了摆脱自然的控制,在理性力量的指引下凭借作为第一生产力的科技发展极大地推动了社会运行的理性化进程。科技理性的繁荣及其征服自然所带来的空前的物质繁荣,使人们对理性的信仰和崇拜愈演愈烈,继而在理性的僭越下将自然物视为实现自身目的的工具和手段而表现出一定的优越感。这种把工具理性替代自然界生态规律的绝对做法招致了非人类中心主义的激烈批判。然而,现实中严重破坏生态环境、大肆浪费自然资源的行为均指向为了满足一己私利的具有各种不同表现形式的个体中心主义和群体中心主义,非人类中心主义所批判的对象正应当是人类沙文主义而并非笼统而抽象的人类中心主义。生态伦理自身的理论局限缺乏指导管理实践的合理解释依据,造成管理主体在追求部分集团、群体或个人的利益中丧失理性,将自然、社会、他人全部当作管理的手段,不断引发着全球生态灾难,结果造成管理的虚无主义。因此,辩证地看待人类中心主义伦理观,揭露强人类中心主义一味追求满足个体"感性偏好"而企图主宰自然、任意索取自然资源的人类沙文主义弊端,认识到人类狭隘地追求经济利益、局部利益、短期利益,才能在主体困境中确立严重威胁人类生存和发展的环境代价,反省以自我为中心的极端个人主义、利己主义的人类中心主义反生态行径,防范管理主体能动性的盲目作用和肆意放任。

国内有学者认为,人类历史上类本位的人类中心主义从未真正成为指导人们现实实践活动的价值取向,而造成生态危机的真正根源是以个体本位和群体本位

---

① JOSEPH R D. Jadins:Environmental Ethics:An Introduction to Environmental Philosophy[M]. Cambridge:Wadsworth Publishing 2001:236.

的人类中心主义。① 面对全球性的生态问题,发展中国家提倡履行平等和公正的生态义务,而发达国家并不愿意积极地承担相应的责任,只想方设法地使本国存在的环境危机向发展中国家转嫁,将生态殖民主义、国家利己主义与西方中心主义表现得淋漓尽致。发达国家的生态保护,实质上将区域性的资源匮乏和环境问题逐渐地演化为全球性的环境污染和破坏。它们在限制开采本国的能源、矿产资源的前提下,凭借自身的技术优势以低于国际市场价格不断地从发展中国家购进资源,表面上是扩大了发展中国家的资源贸易输出以增长其经济利益,事实上是缓解发达国家按照资本逻辑进一步开采资源造成的环境污染和生态破坏。透过这种生态殖民主义的侵害,发展中国家所得到微薄的经济利益却要付出牺牲生存环境的巨大代价,这是发达国家对发展中国家在不平等经济交往中的资源变相掠夺,是以加剧发展中国家的环境破坏来换取发达国家的资源支撑的稳定和环境保护的成果。西方资本主义社会以个体中心主义和群体中心主义为管理实践的价值取向,并由此造成了阶级、地域、国家之间的利益冲突和不均衡发展。发达国家本应对环境的改善和贫困的不均负有更多的责任,反而对发展中国家的环境现状与保护措施无端指责,迫使发展中国家往往独自承担资源消耗与环境破坏的后果,通过环境污染转移进一步加剧生态上的不平等,使发展中国家陷入贫困和环境破坏的恶性循环。

二、现代管理的目标困境:可持续发展的实践受阻

自20世纪80年代初,可持续发展被首次提出以来,经过近40年的发展和演进,这一被广泛运用的词语已经成为包容诸多理念的概念混合体。集各种生态理论流派于一身的可持续发展理念在最大公约化"生态可持续性"和"发展"的概念意涵而做出的不同回应性阐释,自身变得充满了挑战性和争议性。② 正如美国学者蒂莫西·奥瑞尔丹(Timothy O'Riordan)所述,可持续发展本身就是一个具有内在矛盾性的概念,对可持续性和发展这两个不同向度的强调,就会演绎出不同的意涵,甚或是相互矛盾的诠释。③ 在可持续增长向度下,对可持续发展目标的阐释,如果仅仅强调可持续发展过程中的"增长和/或改变"的过程性,可持续发展则等

---

① 汪信砚.生态文明建设的价值论审思[J].武汉大学学报(哲学社会科学版),2020(3):42-51.
② HOPWOOD B, MEELLOR M, BRIEN G O. Sustainable development: Mapping different approaches[J]. Sustainable Development, 2005,13(1):38-52.
③ RIORDAN T O. The new environmentalism and sustainable development[J]. Science of the Total Environment, 1991,108(1-2):5-15.

同于"持续的增长表现"。① 完全以经济增长的数量取代生活水准的质量,这种逻辑导向下的管理实践却引发了社会公平缺失、自然生态破坏,进而阻滞社会、生态的可持续性发展,导致生态伦理的管理价值陷入目标困境。

(一) 以 GDP 为纲的价值偏失

传统的经济发展理念将工业增长作为衡量社会发展的唯一标尺,工业化发展预示社会进步的极目象征。曾经盛行一时的 GDP 主义在现代管理发展中业已形成一种根深蒂固的意识形态,在取得了高速经济发展的同时,导致了自然资源的短缺、生态环境的恶化以及社会道德的解体。以国民生产总值(GDP)去衡量和判断一个国家或地区的经济与社会的增长或发展毕竟要掣肘于自然资源的有限性,环境凋敝不断蔓延着全球性的生态危机,损害后代人谋求发展的机会和权利,这种反映增长部分的数量而非增长部分的质量的名义 GDP 所暴露出来的缺陷愈发凸显。尽管人类对财富的认识和衡量经过不断地创新取得了改进,然而对 GDP 主义局面的扭转仍不能一蹴而就,信息、认识和知识方面存在的不对称性始终对衡量一个国家或地区的真实发展和进步水平产生深刻的影响。因而,挖掘引导发展目标的价值逻辑根源,才是找出管理实践中价值偏失的关键。

以 GDP 为纲的发展价值逻辑是通过经济发展带动全球性经济增长,使经济增长利益惠及发展中国家以达到减少贫困的发展目标,从而降低贫富和南北差距,实现社会发展的公平。然而,GDP 增长所包括的环境和社会成本一旦超过其所带来的生产利益,反而会导致发展价值的偏失。其根源在于传统意义上所统计的 GDP 并未扣除不属于真正财富积累的虚假部分,没有将社会成本和自然成本纳入核算体系当中,缺少了社会公平和生态损害等方面的价值考量,无法确切地说明增长与发展的数量表达和质量表达的对应关系,因而只能作为一种名义上的 GDP 而使人陷入增长的陷阱之中。② 现代管理的发展价值将重心倾向于事实层面的考量,注重增长的效用和结果,尤其是传统 GDP 主义把发展等同于增长的价值观念,将增长率、经济效率、消费水平等量化指标作为评判人民生活水平提高和发展状况的充足条件,以不计成本的经济效益增长和不计后果的经济规模扩张视为发展的主要渠道,使人们受困于增长的情节而不能自解,用财富衡量的加法累积掩饰了价值偏离的减法扣除,导致人们为了单一地追求经济的增量而忽视了价值层面的公平正

---

① SHARACHCHANDRA LÉLÉ. Sustainable development: A critical review[J]. World Development, 1991,19 (6): 607-621.
② 牛文元. 可持续发展管理学[M]. 北京:科学出版社,2016:61-62.

义。这种片面的管理价值观念非但不能必然带来管理发展中质的提高,而且还容易误导人们在对错误目标追求上变得不择手段,彻底突破法治的底线而引发管理生态的不断恶化,最终造成社会发展秩序的混乱和生态环境协调的失衡。

(二) 管理目标的困境表现

由于名义 GDP 仅仅对经济发展中交易与服务的总和进行核算,其遵循的逻辑假设是市场化的所有交易行为对社会福利的增加。然而,在具体的"交易过程中是增加社会财富或减少社会财富,它并不加以辨识,因此,GDP 中包括有损害发展的'虚数'部分……它能反映了增长部分的'数量',而无法反映增长部分的'质量'"[1],因而难以判断及衡量一个国家和区域的真实的发展与进步状况。

管理 GDP 主义造成的目标困境主要表现为以下三个方面:第一,传统 GDP 只代表人类创造全部财富中的经济财富,并通过市场化的经济活动进行量化。这种将劳务可视化、市场化、价格化的审核方式对家务劳动、志愿活动等非市场经济行为部分或完全忽略不计,将通过其他输出方式而对社会有巨大贡献的劳务摒除在外,不能客观地显示整体财富创造和社会发展程度的情形,并且自觉不自觉地引致了具有不同贡献价值的劳动者在职业、性别上的等级化歧视趋向。第二,传统 GDP 并未涉及对作为财富的交换商品和输出劳务所包涵的价值利弊的权衡,而是将所有物品的产出一视同仁地纳入经济指标的统计核算中。这种片面追求功利的线性发展观是在人类中心主义主导下的增长性发展观,它将影响身体健康、导致生活贫困、造成职业腐败等引发社会冲突的经济增量都看作经济发展,把造成社会无序和发展倒退的恶性发展成本均视为社会财富,局限于追求人类单一部分孤立发展的物质层面的增长,而不能反映社会贫富悬殊所产生的分配不公平的发展瓶颈,更没有关照人的幸福获得的真正目标价值。第三,传统 GDP 没有将生态破坏、环境污染、自然灾害损失、气候变化影响等难以计算的隐性成本计入自然财富的账户,而是将自然资源一律视为自由财富任凭人们肆意挥霍、铺张浪费。这种以牺牲环境为代价的经济发展观是涸泽而渔的反生态发展价值观,既没有看到相对于人类无限欲望的有限自然资源每况愈下的紧缺性,又未能斟酌有待解决的资源质量下降和耗竭性资源枯竭等问题。将管理目标仅仅局限于发展收益的最大化,而忽略了发展成本的最小化,非但不能将处于下降通道的环境缓冲能力、自净能力、抗逆能力客观地反映出来,反而把造成环境污染的经济活动的收益也当成对经济的贡献。

---

[1] 牛文元等.可持续发展管理学[M].北京:科学出版社,2016:61-62.

三、现代管理的秩序困境:生态安全秩序失衡

生态安全也称生态环境安全,迄今为止这一概念尚未统一定义。自1977年美国学者莱斯特·布朗(Lester Brown)率先将环境问题纳入国家安全范畴,我国于2000年首次提出了"维护国家生态环境安全"的目标。国内有学者认为,在广义安全视域下,生态安全应当包括自然生态安全和人类生态安全。① 其中,前者特指自然生态系统保持完整、稳定和健康的状态,后者特指"人类在一定的生物圈空间生存时的相对可靠性、稳定性和可持续性的状态。"②因而,纾解生态安全秩序的困境必须以保持人类赖以生存的自然生态系统的完整、稳定和平衡为前提,继而保证人们的社会生存免于遭受威胁或侵害。

(一)生态安全秩序的成因

国际生态安全合作组织总干事蒋明君博士认为,生态安全、资源安全作为21世纪最大的政治问题,是关乎国家生存和发展的基础。③ 生态灾难爆发的瞬时性、造成后果的严重性都显示出生态安全作为国防军事、政治和经济安全的基础和载体,具有影响人类生存和国家发展的重要战略地位。生态秩序和生态安全可谓同一问题的两个方面,生态安全秩序失衡的表象即缘于生态安全问题产生的根源。生态安全问题受到多种要素的影响,既有历史的因素,又有伦理的因素,其中以高投入、高消耗、高污染为特征,依赖粗放式的外延扩张而刺激经济增长的传统经济发展模式成为生态安全问题的主要原因。除此以外,传统伦理视野下唯独人享有获得道德关怀的资格,社会伦理约束主要集中于社会关系中的管理活动对社会秩序的过分强调,人们对待自然缺乏必要的尊重和敬畏,只注重自然的工具价值,而不关心自然的生态系统价值,使得人们在管理和维护社会秩序的过程中忽视了自然秩序的重要性。随着时代变迁,人与自然的共生关系逐渐成为社会的广泛共识,生态安全问题更为深层的伦理根源愈来愈受到重视,为构建生态安全秩序积聚伦理的底蕴。然而,现实中功利主义仍旧时常被当作衡量环境价值的单行标准,当人们仅仅注重环境所带来的当前的、直接的利益和效益,就会将生态视为使用价值之源,竭尽所能地攫取自然资源,毫不顾忌地球的承受能力,无视甚或以牺牲自然秩序为代价,最终造成保障人类赖以生存的物质条件难以为继。一旦人类缺失伦理

---

① 黄爱宝,王妍.生态安全问题与政府生态安全责任[J].探索,2009(6):64-69.
② 高小平.生态安全与突发生态安全事件应急管理[J].甘肃行政学院学报,2007(1):1-4.
③ 贾卫列,杨永岗,朱明双,等.生态文明建设概论[M].北京:中央编译出版社,2013:41.

准则的制约而企图征服自然,人与自然就会脱离协同共进演化发展的轨道,人类社会与自然关系在错序或脱序的混乱中导致生态安全秩序失去应有的稳定性。

满足人的安全的心理需求是促进形成秩序形式的目标,因而,作为形式结构体现于法律制度中的秩序价值应当归入安全的实质性价值之中。在传统人类中心主义伦理观的影响下,环境立法的目的以人类利益为中心,其价值理念反映的是"经济优先"的立法思想基础,运用的是"人类利益优先"支配下的伦理理念,导致环境立法实现的只是保护人类利益的社会秩序。例如,在生态环境资源方面,强调资源利用与开发的经济价值,仅关注自然资源的非配,以及利用而非可持续发展目标下生态环境系统中的功能和作用;有关水、森林、土地等资源的法制建设大多是以分配、占有、使用为主,而非保护和预防、优化与保养的单一要素管理。在生态伦理价值需求的基础上,如汪劲提出,全球环境危机正促使人类伦理观从"人类利益中心主义"向"生态利益中心主义"的方向转变,那么,环境立法也应由人伦哲学理念向生态哲学理念的方向转变。应当说,现代环境立法的目标确立,仍然要把人类的安全、健康、利益作为一般目的。但是,依照现代生态伦理的价值观看,环境主体不再仅限于人类自身,而是扩大到自然和生态系统范围内,在由人与自然组成的利益共同体中,环境立法的最终目的应当包括保障人类健康和生态系统平衡的共同利益。这既是解决当前生态安全问题的必然要求,又是适应构建生态秩序伦理理念的内在要求。由此可见,生态安全问题环境立法缺陷在于贯穿于法律思想理论基础的伦理观,即那种视人与自然为统治与被统治的关系,而没有认识到人作为自然界的成员同诸多生命形式享有平等的主体地位。

(二)生态安全问题的表现

生态安全问题在"发生原因上既有地球表层演化的自然因素,也有人类经济活动导致的非自然因素,20世纪末以来人类活动的影响首次超过自然界演化的影响"[①],生态安全问题愈加呈现出人类活动的管理生态系统不断从要素不安全转向功能不安全的演化趋向。所谓"要素不安全",是指宇宙辐射、阳光、土壤、水、空气、植被等参数中任何一个或多个参数的变动导致的不安全;所谓"功能不安全",是指局域或全球性的生态环境的功能性指标的有序及紊乱程度等参数的变动导致的不安全,如人类及动植物生长适宜度、地球表层的物质循环状态等。[②] 尽管,判

---

① 贾卫列,杨永岗,朱明双,等.生态文明建设概论[M].北京:中央编译出版社,2013:39.
② 同①.

断生态安全水平依据人们对生存发展的满足程度而有所不同,相对于要素不安全所具有的局限性和相对性,功能不安全却更具有整体性和全球性特征。由于生态安全问题在时间上的积聚效应以及在空间上的扩大化已然打破了区域性、国家性的行政界限,乃至任何国家和地区应对生态安全问题都无法置身事外,回顾20世纪中叶曾经轰动全球的"世界八大环境公害事件",面对诸多如此典型的生态安全问题,仅凭一己之力去克服这些外部性和叠加性都异常复杂的困难必定结果收效甚微,只有寻求全球性的共同合作才能找到保持生态秩序稳定的根本性解决途径。

生态安全问题愈加显现为近年来最为根本性的安全问题,还在于长期以来人们对生态破坏影响后果的忽视。当人们赖以生存发展的自然基石受到的破坏程度超过一定的生态环境系统的承载限度时,往往造成难以扭转甚或不可逆转的后果。自然生态系统的破坏一旦超过环境自身修复的"阈值",即便要使生态恢复原貌也要经过长期的努力,并且在投入治理时付出高昂的经济代价。[①] 在自然载体的循环和平衡能力受到破坏的过程中,生态安全问题还会引发一系列的社会化影响,比如经济的衰退、政局的动荡、资源的稀缺及人们健康的保障。从生态问题突发公共卫生事件的应急管理来看,生态环境安全问题对人的健康生存、生殖繁衍构成最直接性的威胁,可以说,人的安全生存保障、资源享有权利以及适应环境变化的能力均与生态环境的质量、状态和演化趋势息息相关,生态环境安全和质量已经成为全球密切关注的焦点。从国家安全战略的高度来看,生态环境安全问题还对经济繁荣、政治民主、军事强大、社会安全产生难以估测的间接性影响,要想恢复经济的增长、摆脱制造业、旅游业的限制,妥善安置就业,就必须降低环境污染和生态破坏对国家及社会稳定构成威胁的范围与程度,维持社会生产生活的正常秩序,促进国家环境安全目标的实现。

四、现代管理的文化困境:中西生态伦理的融突

20世纪中叶以来,日益加剧的生态危机暴露出工业文化的弊端。随着人们生态意识的逐步提高,在东西方传统文化存在明显差异的背景下,生态文化形态悄然兴起,并根据不同的文化价值取向使人与自然的关系和发展状态发生改变。尽管,我国近年来生态文化建设取得了重大进展,生态哲学、生态伦理学等理论成果显著,生态经济形势逐步转变,融入生态文化理念的生态文明制度体系加快形成,然

[①] 高小平.政府生态管理[M].北京:中国社会科学出版社,2007:117.

而,生态文化建设仍存在着诸多缺憾,如生态文化理论还没有形成引领社会发展的主流文化,生态文化实践尚未达成全民统一的情感认同和行为习惯。中国传统文化作为东方文化思想的主要发源地,在与西方传统文化就认识和处理人与自然的相互关系上,经历着不断碰撞和冲突的演进过程,并呈现出一种基于中西文化渗透、融合的生态伦理发展趋势。

(一)生态文化困境的成因

生态文化困境的成因在于人们对生态文化在认识思维、价值观念、行为方式等方面未能达到当下社会发展的时代要求,从而阻碍了人类走向可持续发展的生态文明时代的脚步。反思全球性愈演愈烈的生态危机,实质上源于人们所选择的文化模式。正如美国环境史学家唐纳德·沃斯特(Donald Worster)所指出的,"我们今天所面临的全球性危机,起因不在生态系统自身,而在于我们的文化系统。要渡过这一危机,必须尽可能清楚地理解我们的文化对自然的影响"[1]。可见,这种基于人与自然关系的理解就是生态文化变革的前提。从本质上讲,传统工业文化弊端所引发的生态危机实际上是以精神危机和道德危机为表象的文化危机,其根源在于人们奉行的人类中心主义价值观及其引导的社会、政治、经济、文化机制已不适应现有文明的发展。在价值哲学范畴下,从人们面对人与自然之间的矛盾、冲突时所持有的价值立场、价值态度及所表现出来的价值取向上来看,东西方传统文化在关于人与自然之间相互关系的理解和选择存在着差异,反映出不同的生态伦理价值取向对生态文化在不同历史发展中的影响。中国在长期农耕文化的主导下蕴含着人与自然和谐相处的生态观念和环境意识,在农业文明的生存方式下逐渐形成了朴素的生态伦理传统,与近代西方工业文明以来形成的人与自然对抗中的思想传统形成鲜明对比。但是沿用这种基于经验理性的生产技术方式具有被动适应生态规律的性质,不利于发挥人作为自然生态系统的调控者的积极主导作用,而在实践方面的道德规范又缺乏科学理论的研究依据,难以满足生态化转型期人们对资源的永续利用和环境质量提高的要求。[2]

相对而言,现代西方生态伦理思想则肇始于对人类工业文明所造成的全球生态环境灾难的理性反思。在全球生态保护浪潮的推动下,美国海洋生物学家蕾切

---

[1] WORSTER D. The wealth of nature: Environmental history and the ecological imagination[M]. New York: Oxford University Press, 1993:27.
[2] 佘正荣.中国生态伦理传统的诠释与重建[M].北京:人民出版社,2002:204,261.

尔·卡逊(Rachel Carson)在《寂静的春天》里唤醒了人们的环境保护意识,利奥波德提出了大地伦理以形成有机整体的世界观,罗尔斯顿创立的自然价值论强调了生态系统的客观价值。西方生态文化思潮以其严谨的、系统的、分析的论证研究体现出生态文化对客观视角的定位、自然科学的前提、实事求是的态度、生态规律的遵循等生态认知价值整合功能的要求,对我国生态文化的发展产生了积极的推动作用。然而,鉴于各种流派观点之间存在的分歧和争议,西方话语体系下的生态理论架构、道德规范建立还未能形成国内社会大众普遍接受的文化基础。生物中心主义强调人作为地球生物共同体的成员并不具有优越于其他生物的价值。生态中心主义价值观突出生物共同体整体的价值以及生命有机体自身具有的内在价值,削弱了人自身作为文化承载者的主体价值。生态文化从系统论出发,将人的价值与其他生命存在价值视为相互联系、协同发展并共同构成生态系统价值的有机组成部分。然而,人作为文化的创造者和传承者,忽视对人自身的建设和文化生存方式的关注,必将偏离现代生态文化建设的根本目的。生态文明转型阶段的生态文化建设,意味着人的价值观实现根本性的转变,这种转变应使生态文化的价值取向不能单纯地立足于人或自然,必须将人与自然和谐发展的生态伦理理念渗透到组织的管理意识和行为当中,将人的认识实践活动置于"人-社会-自然"复合系统整体之中进行伦理关照。从生态文化的建设目的来看,只有把是否有利于建立和完善人自身的建设作为反映绿色发展时代精神以及把握生态文化发展方向的判断标准,才能达到人自身的全面发展及自然、社会发展的协调统一。

(二)生态文化冲突与融合的表现

中西生态文化冲突与融合表现为中国生态伦理传统与现代西方环境伦理学所具有的不同思维方式的交互作用。第一,中国传统过程思维的朴素自组织与西方现代生态思维的复杂自组织的演化。创立自组织哲学范式的詹奇就是依据道家宇宙创生论的演化模式来表述自组织进化的宇宙观。这种自发的自组织思想表现出一种较为原始的和初级的系统思维特征,中国文化传统的阴阳、五行学说的思维模式就体现出这种建立在直观经验知识基础上的朴素系统思维特征。比较而言,西方生态思维的过程取向和有机整体观则是以现代自然科学为材料,以复杂性科学为方法,整体建立起自组织的复杂图景。第二,中国传统价值思维的自我完善与西方现代价值思维的内在价值的冲突。中国传统思维中事实与价值合而不分,如道家将"道"视为创造一切价值的根源,万物由于得"道"而生"德";儒家将天人视为相通的一体,强调人可经由天道体验的内修来实现自身的完善。相对来说,非人类中心主义肯定自然物的内在价值,并由此推及人类关切自然的道德义务。第三,中国传统辩证思维的和谐追求与西方人与自然和谐关系的分殊。中国传统辩证思维将"天人合一"作为最高的追求目标,但对和谐的过分强调却忽视了万物间普遍存在的相互依存与转化关系,这种以人对自然的依附性为前提通过消弭而非积极地利用人与自然的冲突来实现和谐,表现出对非常态的和谐的片面追求。而西方生态伦理或从生物个体角度出发尊重个体生命价值,或从整体主义立场出发维护大地的完整、稳定和美丽。

中西生态文化的冲突与融合还表现为中国生态伦理理论与现代西方环境伦理学所阐释的不同价值理念的相互渗透。西方生态文化思潮中,生物中心主义认为生物具有生命目的而肯定生物有机体的内在价值,从而消解了人类中心主义的价值观;生态中心主义则肯定人具有高于其他生物的内在价值而肯定人应当成为地球上的道德监督者,从生态伦理视角考察人在自然生态系统的地位和应尽的责任,在生态价值观上强调自然生态系统对人的社会实践的约束作用,但没有与社会生产方式和社会制度相结合,突出人的社会实践作用。而在实现人与自然的和谐伦理理念中,中国传统生态伦理在人的主体性视角上体现了以人为本的价值取向,这与生态文化在精神内涵上具有一致性。比如,儒家主张"天人合一",肯定天地万物的内在价值,认为人独具的道德品格及智慧使人自身的价值和地位高于万物,但要求从道德上区别对待人和自然万物的同时,又肯定了二者在道德上的统一,这与保护生态环境是出于人类唯一利益的人类中心论有所不同;又如,道家奉行"道法自然",强调人要顺应自然,达到"天地与我并生,而万物与我为一"[①]的境界,主张人与自然统一于道,在否定两者差别的前提下,"强调人"注重关切与寻求人的存在价值而平等地对待万物,这又与非人类中心主义肯定生物和人存在多样性的前提下,强调平等地对待人与万物的主张有所差别。可见,走出生态文化困境,必须摒除现代文化在主客二分认知模式下片面化认识自然界的机械性必然因果规律的弊端,以生态科学和系统理论为基础,抽象和概括基于自然有机联系和有机运动变化规律的思维方式与价值观,立足于人和自然双行的价值取向,发挥生态伦理对生产生活的调节转变作用,从而在中西文化的会通融合中推动生态文化的创新发展。

[①] 引自《庄子·齐物论》。

五、公共社会治理实现生态伦理的出路

现代社会工业化进程中,工具理性在各个领域的无限凸显,使社会发展进入了理性异化的阶段。将内在尺度与外在尺度作为建立人与自然共生关系的双重标尺,在自然生态规律和社会发展规律的统一中把握社会治理的实践标准,以生态理性完善社会治理的公共理性,呈现生态社会发展的必然趋势。从代际公正和代内公正视角切入,促进公共社会整体利益和长远利益的统一,为现代社会构建协调共生的生态伦理理念提供了可行的实践途径。生态伦理理念向实践的转变,不仅要以行政生态价值观推动绿色发展,更要在可持续发展的战略实施中强调社会的公平性原则,促进人与人之间的互利共生、协同发展,进而在社会和谐发展的战略导向下达到人与自然的和谐共生。完善生态法治建设,需要在道德与法律的平衡中使生态伦理成为生态法治的价值理念和伦理支撑,发挥环境软法和硬法的协调补充作用,联动司法与执法部门以确保生态安全的秩序价值实现。生态文明建设为社会生态治理指引着方向,创新生态文化理念,优化生态伦理观念,应寻求人与自然达到融合的态势,使科学理性受到人文的引导和制约,继承优秀传统生态思想,以生态智慧助力生态文明的理论建设。

(一)构建生态伦理观念以践行协调共生的价值理念

面对不断威胁人类生存的生态危机,化解现代社会发展中的管理主体困境,必须促成生活观和价值观的转变,对植根于世界观中的本体论和认识论进行重新阐释,基于人和自然的和谐统一构建推动社会持续发展的管理共识,在改造自然和利用自然的活动中强化生态伦理对人发挥能动性的制约作用,促成管理中以人为本的主体性的理性复归。人作为唯一的道德主体决定了管理中人不能单向强调自身存在的社会性,然而,在客观世界中对自然生态赋予伦理关照,需要辨别人类社会共同体中不同群体和成员的多样化与差异化性质,消弭整体主义生态伦理的思维局限,不能仅以本质主义的抽象普适性作为伦理关怀的依据,保证现实管理中践履生态伦理义务的复杂性和完整性。

1. 内在尺度与外在尺度相互统一

在人与自然的交换过程中展开的现代社会管理活动,人们致力于科学技术的进步来提高对自然的认识和改造能力,并滋生出占有、控制、支配和主宰自然的膨胀欲望,管理的视角立足于社会与自然对立的层面,通过单向度的改造自然以谋求社会整体的福利,从而达到人类社会的内部和谐。然而,马克思恩格斯生态思想认

为,人与自然的关系是一种主体与客体的辩证统一关系,坚持合规律性与合目的性相统一的原则,肯定人对自然的自主能动性,同时强调人在发挥改造自然的能动作用时必须把内在尺度与外在尺度统合起来。"自然界是人为了不致死亡而必须与之不断交往的、人的身体。所谓人的肉体生活和精神生活同自然界相联系,也就等于说自然界同自身相联系,因为人是自然界的一部分。"[①]因此,人作为自觉调控人与自然价值关系的主体,应当遵循生态规律,加强人的自控力和自制力,摒除人的主体性、能动性的极端性和过渡性,从而在社会发展实践中实现社会与自然的外部和谐。在统一人的自然存在和社会存在的双重属性的基础上,使管理主体能动性地发挥既符合社会发展规律,又遵循自然生态法则,在改造自然的管理实践中着眼于人与自然的双向价值交换,使人的能动性的发挥由消极被动地顺应自然转变为自觉主动地保护自然,使改造自然与建设自然相统一,加促人对履行管理自然使命的主体性的真正复归。

现代社会管理活动在人与自然的交换过程中展开,人类社会发展要想符合其所追求的公正平等价值理想,关于社会与自然之间伦理关系的调整,就必须改变主客二分的认识结构,在人和自然之间建立起你中有我、我中有你的共生的关系,唯有如此,才能使人在自然演进和社会变迁的管理活动中承担起责无旁贷的生态道德义务,进而在探究生态伦理管理实践的社会现实性问题中实现对人类中心主义和非人类中心主义的超越。从生态伦理的道德视角出发,现代管理既要考虑人类社会自身的利益,又要关注自然环境的价值。自然价值论对自然道德地位的提高的确值得我们深入思考,但其所强调的内在价值所阐释的只是生命共同普遍存在的本质属性,是对生命共同体系统中生命本质的描述,却未能揭示出生命个体主体及其组成群体的主体差异性,更无法体现出人在管理活动中确立道德关怀的复杂性和完整性。人对自然的伦理关照最终是为了建立并享有人与生命物种共生共荣的和谐社会,同时保证人作为生态系统的成员自身也应获得的发展权利。然而,生命共同体中的人不只具有生命物种的生物性,更含有生存发展的社会性,这就决定了生态伦理不能仅从抽象而虚拟的人类出发,必须要关注到现实社会中不同利益主体对资源分配使用的公正性,将环境资源问题与社会政治问题联系起来,使各国家、民族、区域、群体跳出局部的、眼前的、功利的狭隘视野,着眼于社会长远发展,满足不同时空背景条件下多元化主体生态权利的合理需求,在统一人的自然存在

---

① 中共中央马克思恩格斯列宁斯大林著作编译局.马克思恩格斯全集:第四十二卷[M].北京:人民出版社,1979:95.

和社会存在的双重属性的基础上,使管理主体能动性的发挥既符合社会发展规律,又顺应自然生态规律,促进实现社会的可持续发展,从而解决现实中的生态危机。

2. 工具理性和生态理性相弥补

笛卡尔-牛顿的主客二元哲学范式建立在近现代自然科学的基础上,主张把人作为认识自然的主体,坚信人类凭借科技进步能够在改造自然的进程中解决所有问题而达到征服自然的目的,强调人获得科学知识的确定性和真理性。将人视为价值评价和价值实践的主体本身无可厚非,但是把本应限制在人的生存活动范围内的科学知识普遍化为绝对真理,则容易让人以征服者的姿态过分陶醉于对抗自然的胜利而变得盲目自大,导致管理目的偏重于自然的工具性价值,在工具理性逐渐渗透并内化为社会基本结构的管理结果中使人成为"单向度的人"。工具理性由于缺少自身运行的引航功能以及存在意义的确定依据,被绝对化为失去价值判断和选择的线性逻辑,这就需要优化生态伦理来作为管理主体运用理性进行合理表达的补充,在生态理性提供的目标和前提下发挥人的主体作用,注重保持工具手段与价值目的之间的必要平衡。生态理性摒除了将效率唯上奉为圭臬,结合自然和社会环境的现实要求探寻评判理性的合理化标准。通过有利于自然系统整体的协调与整合,以及有利于自然资源的高效利用和循环再生,体现生态理性调整价值合理性管理行为的价值理性作用。基于人性和谐与个性自由以超越对物质财富的单向面追求,力求以尽可能好的方式,尽可能少的、有高使用价值和耐用性的物品满足物质需要,并以最少的劳动与资本和最节约的自然资源消耗来实现能够获得最大精神文化财富的管理目标①。因此,生态理性限制了主体对工具理性的过分依赖,在主客体统一的思维范式下发挥价值理性对自然关爱的协调补充效用,促使人类理性回归自由状态而实现人与自然的和谐。

3. 整体利益和长远利益相统一

西方生态伦理一度将关注的重心置于对自然价值的界定和理解上,一方面在承认自然物对人的使用价值上约制主体尺度的发挥程度;另一方面则基于自然的必然性体现出来的生态系统的动态平衡效应而竭力论证自然的内在价值。非人类中心主义在理论上提出人与自然具有同等的内在价值,对动物平等权利的道德争论更具浪漫主义色彩,通过提倡荒野自然而抽象地谈论人与自然物的平等关系。这种极端地保护自然生态的倡导,显然背离了人类生存利益的需求保证,终会得出

---

① ANDRÉ GORZ. Capitalism, Socialism, Ecology[M]. New York: Verso, 1994.33.

反人类的荒谬结论。道德作为一种特殊的社会意识形态,受到社会关系特别是经济关系的制约。① 在经济利益关系决定道德的客观前提下,生态伦理是以自然为中介,通过协调人与人之间的利益关系来显现人对自然的价值规导作用,生态伦理本质上仍需通过社会人际间多元主体的利益关系进行调整,在主体的人对自然客观对象的依赖关系中体现出自然价值对人的责任诉求,以此满足人的不断扩展提升的生态化主体需要。从事实践活动的主体,既包括现实中的个人、群体、阶级、国家,也包括所有在场的当代人及等待入场的后代人。在这个层面上,生态伦理对现代管理的价值指向就可以从人与自然之间的道德关系扩展转化为当代人与后代人之间的环境公正。处理人在现实生存和发展中的利益关系,人类中心主义的理论主张更加凸显在环境保护实践方面所提供的可靠的道德基础与伦理支持,然而,只有从整体人类的视角真正体现出对共同利益的追求,而并非像西方生态伦理以个体主义、群体主义混淆并代替类主体从狭隘利己观念出发,才能强化发达国家对发展中国家的补偿义务,满足多极利益主体的具体诉求以保证整体利益的协调均衡,同时从社会发展的长远利益考量,强调人的健康生存和永续发展,规定当代人对后代人所必须负有的环境责任,唯此才能有望对自然予以充分的尊重并自觉承担起相应的道德义务,从而实现人与自然的和谐关系。

(二)实施生态伦理战略以推动生态化的社会经济发展

可持续发展理论由于自身的高度包容性而聚合了全球范围内对于创建更为合理的环境与发展协调关系的政治关切,这种将环境考量纳入社会与经济发展的价值指向为其理念践行提供了一个全球性的目标图景。时至2012年,"里约+20"峰会所通过的《我们憧憬的未来》蓄力推进了可持续发展理念和原则在不同国家贯彻落实的成功典范,然而,可持续发展理念在战略原则层面的全球践行进程中的"模糊化""空壳化"仍然存在推动绿色发展进程的诸多阻碍性因素,需要在进一步深化理论的反思中提出更具有可操作性的政策理念,不断寻求适用性程度更高的社会发展目标,通过实施更具有针对性的生态伦理战略落实行动措施,以切实实现绿色、公正、和谐的生态化社会经济发展。

1. 践行绿色发展的行政价值理念

绿色发展是在追求人、自然、社会协调发展的进程中,实现三者形成的有机整体的和谐协调发展,反映出整体发展、全面发展和协调发展的整体趋势与生态蕴

---

① 罗国杰.伦理学[M].北京:人民出版社,1989:46.

义。在绿色发展达成现代管理理念共识的前提下,经济可持续发展理念所涵摄的思维方式、价值指向、经济运行模式的根本转变,将成为国家各级政府转换可操作性生态管理模式的关键。首先,深化绿色发展的政治生态观认识。绿色发展不仅表现为亟待攻克的生态环境难题,更显现出一种根本性的政治问题属性。"良好的生态环境是最公平的公共产品,是最普惠的民生福祉。"①优美的自然生态环境既关涉社会公众的根本利益,又影响子孙后代的长远发展。因此,政府需要不断变革自身的固化思维,提高社会对公共利益的生态需求满意度,体现其服务于社会发展需求的价值,将改善社会公民生存发展的生态环境视为政府执政的价值目的。其次,促进形成生态环境质量改善的绿色政绩观。转变绿色经济发展目标的行政政绩观,需从经济社会发展的生态关切出发,主张经济增长的有限性观念,反对经济总量的无限扩张,强调以"生态健全"推动可持续发展的目标重要性,引导人们在满足相对需求基础上追求一种"充足但不是越多越好的社会,我们消耗的物质财富不比现在更多,但将有着更有意义的生活"②,明确生态建设在政绩考核中的导向作用和优先地位,完善绿色发展的政绩考核体系,探索建立国内生产总值(GDP)和生态系统生产总值(GEP)双评价机制,使经济发展利益目标的确定性与环境质量改善目标的模糊性在发展目标的全面性设计中达到统一。最后,加快转变绿色发展的经济运行模式。绿色发展行政价值观引导下的经济运行模式,应当从"索取"型、"占有"型的价值取向向"投入"型、"建设"型的价值取向转变,经济增长模式强调低资源消耗、低污染排放、高效能源利用以及再生资源促进,从传统发展中以自然要素的投入向现代发展中以绿色要素的投入方向转变,逐步推动经济发展与自然要素消耗脱钩,逐步提高现代国家治理中以生态价值创造为衡量标准的比重,在生态伦理战略实施中践行保护环境、生态和谐的绿色行政。

2. 树立可持续公平的社会发展目标

公平作为反映特定时期社会存在的价值范畴,其程度高低更多地取决于社会结构组成部分中的经济发展状况。资本主义社会中市场的逐利本性自始至终追求经济运行的效率最大化,企图通过转嫁或摒除自然和社会成本来降低投入成本,并保持高产出以提高效率,从而促进社会生产力的高度发展。以绿色政党、深绿学派为中坚力量的可持续发展理论中的"范式转变论者"认为,目前工业资本主义社会发展处于经济单向度的量化和数字化的发展轨道,这种社会阶级结构根本无法关

---

① 习近平.加快国际旅游岛建设 谱写美丽中国海南篇[N].人民日报,2013-04-11(001).
② 郇庆治,李云爱.可持续发展观:生态主义向度[J].文史哲,1998(3):113.

切入类的健康福利和环境的可持续性,而伴随支撑效率优先的经济增长战略出现的却是伦理的缺失和道德的滑坡,形成一种经济与幸福的悖论①。在效率优先的经济增长战略中,这种基于实证理性对社会快速发展的目标利益驱动,需要融入价值理性的导向作用以保持必要的平衡,才能化解高产出的持续追求对经济可持续动力的消弭,为社会的生态性长远发展提供合道德性的价值引导。因此,从社会长远发展的目标来看,公平具有比效率更能够推动经济可持续的动力。

马克思主义的社会发展理论认为,发展的终极目标是人人共享、普遍受益。坚持这种社会发展观则必须对生态维度的社会成员期待与诉求予以关注以适应时代的发展需求,即保证每个社会成员的尊严,满足每个社会成员的基本生存需求,提高每个社会成员的生活质量,必须"消灭牺牲一些人的利益来满足另一些人的需要的情况"②,立足于公平价值促进经济与社会的协调可持续发展。这种可持续公平发展以承认和尊重生态容量的有限性为前提,在生态伦理战略中采取对有限资源公平分配的原则,改换了以往经济增长仅仅为政治和经济既得利益阶层获求更多财富收入的逻辑路径,强调落后地区和贫困人群要从经济增长中共同享受合适比例的收益和福利。政府在推动可持续社会经济发展的进程中,既应使自身作为地球资源的使用人和代理人,为后代人共享资源环境践履保护责任以实现历时性公平,又要使社会各个阶层之间在达成共生性协调发展的共识中,得益于互惠互利的政治制度建构以实现共时性公平。这种坚持可持续公平的生态伦理战略原则要求处于较早时期和较高阶层的生态利益增进,不得以损害处于较晚时期和较低阶层的生态利益获得为前提,反而应使前者为后者提供改善环境的有利条件而形成促进可持续发展的系统规则体系,促进社会不同时代、各个阶层在共生共享的生态发展体制中,通过互惠互利的合作共赢获得可持续公平的社会发展状态。

3. 倡导和谐发展的生态伦理战略

和谐发展的生态伦理战略的内涵包括对系统性社会关系的梳理、国家生态化角色的重构以及环境友好型社会的建立。

第一,建立系统性社会关系以倡导和谐发展的生态伦理精神。社会经济发展作为系统工程在生态关系网络中蕴含了多重伦理关系,即要求和谐发展的伦理理念不仅要顾及经济体系的良好运行,还要妥善处理个体、群体、组织及其与社会之间的伦理关系,才能兼顾系统性社会关系中的合理性利益安排以彰显和谐发展的

---

① 马尔库塞.单向度的人:发达工业社会意识形态研究[M].刘继,译.上海:上海译文出版社,1989.
② 马克思恩格斯选集:第1卷[M].北京:人民出版社,1995:243.

生态伦理精神。正如生态现代化理论的创立者耶内克所强调的,生态现代化需要以政治现代化为前提,对当代政府所必须承担的生态环境保护职责的手段和方式进行变革,不断与形成复杂多变的经济活动的现代社会环境相适应,从而在寻求社会与自然的和谐发展中凸显生态伦理精神。

第二,重构国家生态化角色以改进和谐发展的生态治理方式。在环境改革框架下重新建构国家的生态化角色,需要政府促使国家作用的发挥从传统的注重官僚化的、等级制的、被动反应的、依靠命令和控制行使权力的管治转向一种灵活的、权力分散化的、预防性的管治,在国家与各种社会行为体组成的生态网络关系中,利用各种方式和手段引导社会向可持续发展的方向迈进。[①] 以环境保护为前提重构国家与市场的关系,运用伦理规制的柔性政策机制来限约并引导市场,使生态原则全面贯彻到各个领域,促进生态化的经济社会发展对自由主义经济发展模式的超越。

第三,构建环境友好型社会以推进和谐发展的生态伦理战略。自然、经济与社会三者共同构成了一个复合型生态巨系统,并且社会系统作为子系统在其中处于主导地位。所谓环境友好型社会,建立在承认环境资源有限承载力的基础上,尊重自然生态规律,倡导生态文明建设的发展战略,运用可持续的社会经济发展政策手段,勾勒出人与自然、人与人之间和谐发展的开放社会形态。构建环境友好型社会旨在追求一种节约能耗、适度消费、资源循环利用、经济稳定高效、生产技术创新、金融开放有序、社会公平分配、民主开放的和谐发展体系。因此,以环境友好型社会落实和谐社会的实践目标,不仅对于实现人与自然的和谐共生具有伦理战略意义,而且对于实施全面、协调和可持续发展的生态伦理战略具有推动作用。

(三)加强生态法治建设以维护生态安全的稳定秩序

加强生态法治建设,为建立生态安全屏障提供法律保护,既应成为人类社会的主观共识,又是实现生态安全稳定状况的客观要求。尽管,国内外至今仍未建立起生态安全法律规定,还有学者认为,保障生态安全只能被看作"保护环境"的同义词[②],但在我国环境法学者王树义看来,"保护生态安全"并非抽象而空洞的概念,同保护环境管理目的一样,都是保护自然环境的良好的质量状态而在多样化的社会关系的互动过程中进行的具体管理活动。但是,"保护生态安全侧重对整体自然

[①] MOL A P J, DAVID SONNENFELD A, SPAARGAREN G. The ecological modernisation reader: Environmental reform in theory and practice [M]. London: Routledge, 2009:19.
[②] 王树义. 俄罗斯生态法[M]. 武汉:武汉大学出版社,2001,26.

环境应有的安全状态和人的环境权益受保护状态的监测和维护,旨在保障自然环境处于无危险的状态;保护环境则侧重于防治人类活动对各环境要素的污染及破坏,重在对人类活动过程中可能对环境产生的不良影响的预防和治理"①。因而,生态安全的法治建设需要在提高生态安全责任意识的基础上,制定保障生态安全的法律规范,并为生态立法的具体实践提供协调、联动机制,以此确保生态安全责任的有效落实。

1. 生态法则与道德法则的平衡

生态法治建设的首要价值目标就是实现生态领域的秩序需求,通过法治手段对人与自然的关系进行规制。在人与自然关系的认识和理解上,我国新时代生态文明思想坚持树立"人与自然和谐共生"理念。加强生态法治建设应当融入这种伦理道德以形成新的法律观,从生态法则与道德法则的平衡中不断确立并强化一种相互制约而又相互促进的良好秩序状态。

首先,"人与自然和谐共生"的生态法律观从思维方式上对生态法则与道德法则进行平衡调节。传统的人类中心主义法律观崇尚机械论的形而上学,运用还原论的分解思维方式,追求个体主义价值取向上突出的是功利和实用的价值观,功利主义的伦理观导致了管理活动负效应的产生,实用主义价值观造成了技术的滥用,因而缺乏伦理约束的资源掠夺导致了生态环境遭到破坏、生态安全秩序失衡以及人与自然陷入对峙僵局、人与人之间紧张关系加剧的后果。辩证地看,人与自然和谐共处的法律规则是以生态学和系统论为理论观点,运用整体主义的思维方式,反映出自然物之间相互依存,以及人与自然之间共同演化的有机整体关系。当代西方哲学也出现从主客二分向主客统一的思维方式转变,比如海德格尔在《哲学的终结和思想的任务》中从对人的强调向对自然的强调的转变,提出人与自然和谐相处的"天人合一"生态思想②。可见,这种天人和谐的律法规则是人类中心主义与自然中心主义相互渗透、优化组合的产物,为生态法则与道德法则的平衡提供了思维融合的法治基础。

其次,"人与自然和谐共生"的生态法律观在人与自然关系协调方面使生态法则与道德法则实现平衡。传统人类中心主义过于注重人的价值最大化,将自然视为实现人的价值的手段,其法律规则的逻辑依据是征服自然,只是从资源利用的工具层面压迫自然,这种人类沙文主义的生态观在本质上是一种自我中心主义,割裂

---

① 王树义.生态安全及其立法问题探讨[J].法学评论,2006(3):123-129.
② 林娅.环境哲学概论[M].北京:中国政法大学出版社,2000:244.

了人与自然的共生和谐关系,造成了生态安全在自然秩序和社会秩序两个层面的剥离。尽管,生态法则不包涵价值判断,对自然规律的遵循属于非道德性规律,然而,人与自然和谐共生的法律观坚持人与自然的有机统一,揭示人作为自然物属于自然界的一部分,也应当受到生态平衡的制约,遵循"物质循环、能量流动、信息传递"等生态法则。因而,当人们对社会正义的维护随着历史的发展不足以保障生态安全秩序时,就必须将生态环境道德作为生态环境法制建设的伦理基础,在生态道德的法制化和生态法制的道德化相融合的发展趋向中,促进自然环境秩序与人类社会秩序相辅相成、互补互促,使生态安全秩序作为一种形式价值伴随生态公平正义的实质性价值,最终在生态法治精神的追求和体现过程中实现道德法则对生态法则的补充和提升。

2. 环境软法与环境硬法的协调

软法(soft law)最早应用于国际法研究领域,指不具有强烈法律约束力而对国际法主体的行为起到规制和指导作用的文件、决议和宣言。尽管软法不具有像硬法一般的国家强制力作为实施保障,其行为规范却能产生一定的法律效果。从国际环境法领域引入环境软法,不但推进了环境保护条约的制定和签署,而且有助于国际环保组织为解决对人类生存和发展威胁日益严重的生态环境安全问题而寻求各国的协同合作。在环境软法确定、巩固、发展和解释国际环境法的作用下,我国也形成了以硬法主导、软法补充而使环境立法不断完善的环境法趋向。不可置疑,环境硬法因其稳定性和保障性在维护生态安全秩序上起着不可替代的作用。然而,生态安全的复杂性、环境知识的专业性以及安全利益的重大性,都对立法的漏洞、执法的滞后等不足提出了挑战。随着人们生态安全意识的提高和社会主体利益的多元化,环境硬法以其强制力使公民完全服从政府管理而实现行为方式合法以及利益格局合理的调节效果有所淡化,而环境软法以鼓励、指导、建议和自由裁量等形式为更好地反映和回应社会共同体的公共意志提供了多种选择,为更利于形成明确的、具体的、合理的指向性而产生实际效果提供了更好的解决机制。当前,促进环境硬法和环境软法的协调作用,提高市场多元主体的能动性,鼓励民主社会参与公共治理,已成为解决复杂而严峻的生态安全问题的一种发展趋势和必然选择。

发挥环境软硬法的协同作用,实现维护生态环境秩序的社会治理目标可以从以下途径出发。

第一,加大环境硬法对生态安全的保障力度。当前,我国生态安全法治建设正由政府主导的单一化管理模式转向引导社会广泛参与的治理模式。然而,充分调动各环境主体的积极性,实现安全秩序建构下的互惠互利,必须要以强制性的生态治理手段为根基。这要求我国坚持在科学发展观引领下从事政策制定,不断创新环境法立法体系,严格执行环境法律法规以维护生态安全秩序,注重法律监督,推动我国生态法治建设。

第二,发挥环境软法对生态安全的补充作用。多样化的环境软法能够根据不同社会主体的具体情况制定相应的规则和规范,既能够提高社会大众的生态安全意识,在制定和实施环境软法的过程中增强公众主体之间的互动性和参与性,又易于促使人们从相互尊重、相互理解的角度引入公正原则、民主原则,促进公众主体交流互动、共同协商以自发、自觉地构建生态安全秩序。正如哈耶克所认为:"秩序并非是一种以外部强加给社会的压力,而是一种从内部建立起来的平衡。"①

第三,促进环境软硬法对生态安全问题的协同合作。结合环境硬法的强制性和环境软法的柔和性,使彼此之间互补互益、刚柔并济,是共同发挥两者外在约束作用的关键。一方面,既要注重发挥硬法严格执法的刚性作用,又要发挥硬法对软法的规范和指导作用;另一方面,针对生态安全问题的突发性、危害性、紧急性,采取激励、宣传、教育、批评、建议等手段,充分发挥软法的社会易适应性,推动生态安全立法以使生态安全状态得以维护。

3. 环境司法与行政执法的联动

在依法行政条件下,政府生态责任的缺失是造成生态安全问题的主要原因,因而,强化生态安全法律责任是解决生态执法不力的基本途径。健全政府生态安全责任,首先必须强化依法环保的指导思想认识,正确处理和协调政府第一性环境责任与政府第二性环境责任的关系,转变过去只重视政府在环境保护方面的义务和权力,而轻视因违反这种义务和权力的法律规定而承担的法律后果的倾向。明确规定生态司法和执法部门有关环境法律责任的具体措施、程序和制度,健全生态安全责任的司法问责机制,提高政府履行生态安全职责、监督以及追究违法行政的能力,增强生态安全法律的有效性。其次,必须建立健全生态安全保障的协调机制。生态安全法治建设作为一项"系统共存",需要公检法之间、环境司法、环境行政执法以及其他行政部门之间的相互合作和配合。依据环境的整体性和区域性特征,设立生态安全环境保护执法司法专门机构,加强与检察机关、公安机关和行政执法机关的联动执法,通过司法与行政执法的相互衔接、配合、补充、监督,不断健全生

---

① 弗里德里希·奥古斯特·冯·哈耶克.自由秩序原理[M].邓正来,译.上海:生活·读书·新知三联书店,1997:183.

态安全环保执法的协调机制。最后,必须提升生态安全司法审判和执法队伍的专业能力。由于生态安全保护案件包括环境生态损害鉴定和评估、证据来源和效力认定采纳、举证责任、因果关系推定、合议庭组成、与环境科学及生态伦理关系密切等特征,生态破坏和环境污染案件的复杂性、长期性、隐蔽性,要求提高司法及执法人员的专业能力,为探索创新生态安全环保行政审判和执行的联动合作模式加强综合素质能力建设。

党的十九届五中全会提出,"坚持节约优先、保护优先、自然恢复为主,守住自然生态安全边界",为形成执法和司法的衔接互动提供了推进生态文明建设的新思路。加强环境执法行政部门同司法机关的联动,借助司法的威慑力和强制力,为严守生态安全边界形成生态环保合力提供一种可行性选择。一是加强生态化法治理念,驻守生态空间的安全边界。生态环境行政部门和司法机关必须不断确立生态安全法治理念基础,将生态意识和安全意识有机地结合起来,从构建国家生态安全体系的大局出发,增强生态安全问题的统筹性,从注重生态安全的法律责任意识上升为同时乃至更为注重生态安全的道德责任意识。二是依靠常态化联动机制,值守生态功能安全边界。建立山水林田湖草系统保护修复案件审理的定期研讨会议制度,通过信息交流平台完善沟通操作系统的资源共享机制,使司法和执法部门处理的情况和结果在联动反馈机制中及时传递,以公正司法和司法公开助力生态环境执法。三是保证严格性监督机制,监守生态保护责任的安全边界。建立检察机关同环境行政执法的联动机制,加强与纪检监察机关和组织部门的衔接,落实生态安全破坏问题的责任追究制度,进一步强化生态环保履职尽责的执法监督,在保证环境行政执法权行使程序合法的基础上,针对形式化的生态环境执法现象,依法追究其地方保护主义作用下的"不作为""慢作为""假作为"等行政责任。

(四)创新生态文化理念以促进生态文明的理论建设

现代管理意义上的生态文化在反思人与自然关系的基础上,以生态意识和生态思维为逻辑线路,以实现人、社会、自然之间和谐共生、共同发展关系为生态价值观而建构成的文化体系,具有广义和狭义的区别。从广义理解,生态文化是一种生态价值观念下反映出来的人类新的生存方式;从狭义理解,生态文化须以生态价值观为指导,"是一种基于生态意识和生态思维为主体构成的文化体系。它不仅包括生态意识和生态思维,还包括生态伦理、生态道德、生态价值等"[1]。鉴于生态伦理

---

[1] 傅治平.天人合一的生命张力:生态文明与人的发展[M].北京:国家行政学院出版社,2016:158.

对转变生态文化的价值观起到了先导的调节作用,生态文化所蕴含的生态文明核心价值观即为生态伦理观。我国当代生态文化的创新发展,应该辩证地审视中国传统文化与西方工业文化中生态伦理思想理论的优势和不足,将自然人化和人化自然相互融合,在人与自然的双重统一中构建生态文化人格,将科学理性与人文精神有机结合,以生态科学理论为根基呼唤人文精神回归,汲取传统生态智慧,淬炼先进生态思想,筑牢生态文明的生态文化根基,进而顺利实现工业文明与生态文明的接轨转型。

1. 自然人化和人化自然的融合

生态文化必须要在人与自然之间相互关系的形成过程中贯穿一种全面、和谐、协调、可持续的生态价值取向。因而,生态文化价值诠释就是以尊重自然、节约资源、平衡生态、追求人与自然和谐发展为核心价值观的一种科学观念形态,是"自然的人格化与人格化的自然"相互渗透融合的一种必然选择。生态文化要从人统治自然的文化过渡到人与自然和谐的文化,需要人的价值观发生根本转变,使人类中心主义价值观被人与自然和谐发展的价值观所取代。生态伦理无论如何是源于现实生态问题而出现的,在对人与自然关系的深刻反思中形成的一种颠覆性伦理理论,它将人际伦理视野向生态伦理拓展,在形成广泛伦理共识和可靠的道德基础上,为人们提供生态环境保护实践的行为规范和价值导向。然而,应当值得注意的是,生态伦理并不否认人的价值,反而注重突出人的主体性对转变生产生活方式的能动作用,强调充分挖掘人的"灵性"与"知性"。"人今天恰恰是要运用自己的'灵性'来摆正自己在自然的位置,处理好自己与自然界的关系,善待自然,善待非人类存在物,这样,他才真正配得上'万物之灵'的称号,而在人类的'灵性'和'知性'的历史和现实的构成中,也确实蕴藏着能够使人恰当地认识和处理自己与自然的关系的丰富资源,有待于我们去深入挖掘。"[①]反思工业经济发展中的反生态行为,必须以优化生态伦理来调节生态文化,加快实现工业文明向生态文明的转轨。

自然人化与人化自然融合的生态文化建设旨向生态文化人格的建构。生态文化转型过程中不可回避的文化发展建设终归要落位于人自身的建设,只有在转变人的生态文化观念的基础上培养生态文化人格,生态文化建设才能取得实质性的发展。当代中国文化正沉浮于传统农业文化、现代工业文化和后现代生态文化并存的多元文化激荡之中,而不同阶段的文化人格分别体现为依附性人格、基于物的

---

① 何怀宏.生态伦理——精神资源与哲学基础[M].保定:河北大学出版社,2002:15.

依赖性的独立人格,以及全面发展的自由人格特质。生态文化人格已然无法停滞在保守性、封闭性的传统农业社会文化人格成型阶段,必将"肯定现代文化人格的主体性内核,主张立足于个体的自觉性、自主性、创造性,塑造现代主体性人格"[①]。由于自然在人面前具有形而下的物性自然和形而上的本性自然之分,故而人与自然之间也构成了人与物性自然和人与本性自然的双重关系。人的生存依赖于自然界,作为人的无机身体的自然界成为人存在的一部分,即在自然的人化过程中完成了人与物性自然的统一。"人将自然的本性内化为人的自我意识,成为人本质的一部分或人本质的规定性",人就拥有了一种生态性的人性本质,这种本性的生态自我人格的塑造,是"人以自然世界为参照背景认识和把握自我,实现人的自然化和人与自然的本质统一"[②]。可见,生态文化人格的建设就是在完成人与自然的双重统一的过程中实现的自然人化和人化自然的融合。

2. 科学理性与人文精神的结合

创新生态文化理念需要将科学理性与人文精神有机地结合起来,综合运用直觉体认和理性分析的认识方法去全面地理解与把握世界。中国特色社会主义生态文化只有坚持科学的立场,才能够分析出中国生态伦理传统在现代管理中面临的挑战,找到科学理性不足和科学技术滞后的症结所在。在研究方法上,中国特色社会主义生态文化思想的研究,"不仅应该广泛地吸纳环境科学、全球生态学、环境伦理学等现代科学知识,而且应该掌握系统哲学、自组织理论、一般进化论等科学方法和跨学科方法,并把这些方法融入哲学诠释学中,以求多方位、多视角地透视和阐释我国古代的生态伦理传统。"[③]在生态文明转型发展阶段,重建理性以实现从人统治自然的文化过渡到人善待自然的文化,在生态文化制度建设中确立工具理性与价值理性相协同的生态伦理价值观。因此,将传统伦理学的精华与当代环境科学的精华渗透融合,将自然道德与人道精神有机契合,将自然科学与人文科学统一结合,这是整体主义生态伦理观和环境道德观展现人与自然和谐共生价值意涵的时代发展与创新。[④] 这既反映了人与自然的伦理诉求背后人与人之间的协调发展需求,又使科学理性的运用受到生态伦理观的引导和规范。

生态文化发展既要巩固生态科学之真的坚实基础,也要追求生态伦理之善的正确引领。长期以来,西方现代管理文化总是戴着理性的眼镜,充斥着对科学技术

---

① 陈红兵,唐长华.生态文化与范式转型[M].北京:人民出版社,2013:188.
② 曹孟勤.人向自然的生成[M].上海:上海三联书店,2012:160,155.
③ 佘正荣.中国生态伦理传统的诠释与重建[M].北京:人民出版社,2002:15.
④ 蔡守秋.论"人与自然和谐相处"的思想[J].环境导报,1999(1):5-8.

的盲目崇拜。在人类中心主义伦理阴影的长期压迫影响下,人的主体性极度张扬,占有欲空前膨胀,向自然肆意索取,表现出一种征服和控制自然的伦理观念,对人文精神关注的缺少,阻碍了生态文化的长足发展。学者鲁枢元认为,人类历史长河积淀的丰厚文化瑰宝中,既有对抗和讨伐自然的文化,也有尊重和保护自然的文化。从整体对比分析,中国的传统文化比较于西方现代文化,更能透显出一种追求自然和谐共生的生态文化精神。雅斯贝尔斯、海德格尔等也认为,中国传统文化全面地阐释了人存在的价值和意义,这对于呼唤人文精神的回归而拯救在工业社会中片面追求物质层面的人的迷失大有裨益。① 中国生态文化的创新发展应吸纳科学理性分析方法,加强生态科学知识研究,在东方历史遗产的继承中,弘扬更能深入自然本质的直觉体悟的认识方式,将人与自然和谐的价值观升迁为生态文化发展中的主脉。在中国文化中,"人的目的不是狂妄地支配自己以外的自然,而是有一种必须和自然保持协调而生存的信念"②,无论是儒家的参赞化育,还是道家的返璞归真,都在努力实现人与自然和谐的终极目标,传递一种根深蒂固的人生信念。因而,呼唤人文精神回归成为疗救中国特色社会主义生态文化发展困境的必然选择。

3. 因袭传统文化与创新生态智慧的迭代

美学家曾繁仁先生认为,在工业革命时代,中国传统文化尚未在国际文化领域获得较高地位,如今迎来了生态文明时代,中国传统文化在后现代语境下抓住了大力弘扬的良好契机。中国生态伦理"天人合一"理念的现代应用正是传承传统文化精髓的具体表现,既促进了社会的发展,也恢复了民族自信心。因此,生态文化建设即将乃至正在成为振兴中华文化的重要渠道。生态文明根植于生态文化土壤,新时代生态文化建设当然要借鉴并融合东方传统文化的生态伦理思想和西方生态伦理理念,但必须对简单因袭中国生态伦理传统与生搬硬套西方生态智慧进行扬弃。发挥生态先进文化的支撑和主导作用,必须坚持走独具中国特色的文化发展道路。党的十九大提出,"发展中国特色社会主义文化,就是以马克思主义为指导,坚守中华文化立场,立足当代中国现实,结合当今时代条件,发展面向现代化、面向世界、面向未来的民族的科学的大众的社会主义文化"。马克思主义的生态思想站在唯物史观的立场,从资本批判视野为无产阶级利益实现和人类社会未来的发展方向指明了方向,追求共产主义的人与自然、人与人的双重和解。"这种

---

① 李培超. 自然与人文的和解:生态伦理学的新视野[M]. 长沙:湖南人民出版社,2001:184.
② 汤因比,池田大作. 展望二十一世纪:汤因比与池田大作对话录[M]. 荀春生,朱继征,陈国梁,译. 北京:国际文化出版公司,1985:287.

共产主义,作为完成了的自然主义等于人道主义,而作为完成了的人道主义等于自然主义,它是人和自然界之间、人和人之间的矛盾的真正解决,是存在和本质、对象化和自我确证、个体和类之间的斗争的真正解决。"①这种以历史和辩证的眼光审视自然、社会及其发展的理论,具有一种反思历史的洞察力和面向未来的穿透力,为弘扬先进生态文化,推动生态文明建设取得新进步,提供了指向性的方法论指导。以马克思主义生态思想为指导,建设美丽中国,不仅是中国特色社会主义生态文明建设的基本目标,也是中华民族永续发展的必然选择。②

弘扬先进生态文化,推动生态文明建设取得新进步,建设美丽中国,要注重吸收和发扬中国传统文化的生态智慧,为生态文化创新和生态文明转型提炼出反映人与自然和谐共生关系的时代精神的精华。我国传统文化中集成了丰厚而极富睿智的生态智慧,比如,天人合一、道法自然、合而不同等传统思想文化中的生态智慧理念均体现着人与自然和谐共处的关系。在季羡林先生看来,"天人合一"是中国古代哲学的精粹理念,可溯源至传统文化的综合思维,体现出对东方综合思维模式的传承和致用,其与西方思维的分析模式截然相反。对待人与自然的关系,西方文化的主导思想是征服和掠夺自然,而东方文化的指导思想则是与自然万物浑然一体,并和善加以利用。在西方文化霸权统治下的人类濒临生存环境的严重威胁,而救治之道唯有改弦更张,以东方的综合模式济西方分析模式之穷,用"天人合一"的思想化解人类与自然的紧张关系。③ 然而,值得注意的是,中国传统文化中"人与天、地共同构成的系统乃是一个被消解了对立、差别、矛盾的系统,人与自然的关系在这个系统中是朦胧、混沌而非精确化的"④,内蕴着人对自然敬畏和依顺而带有明显的原始思维的系统特征。这种古朴的生态哲学过分强调人与自然和谐而忽视人与自然的冲突和社会内部的差别,并不利于生态利益关系的协调。客观存在的人与自然矛盾的现实解决,需要在动态过程中对系统整体中具有利益差别的要素之间竞争和协同的对立、转化进行分析,诉诸基于生态科学知识的技术手段以及生态环境的现实关切和具体保护等实践活动以得到落实。因此,要想走出工业文明下的生态文化困境,不能采取全盘接受或否定的简单做法,而应在批判继承的基础上进行整合和提炼,在去粗取精的价值重构过程中推动作为生态文明支撑系统的生态文化建设。

---

① 马克思.1844年经济学哲学手稿[M].北京:人民出版社,2000:81.
② 廖乐焕.马克思生态思想与美丽中国建设[N].光明日报,2014-07-29(06).
③ 余正荣."天人合一":重建人与自然和谐关系的灵感源泉[J].社会观察,2005(6):50-52.
④ 李培超.自然与人文的和解:生态伦理学的新视野[M].长沙:湖南人民出版社,2001:219.

本 章 小 结

长期以来,人类中心主义占据着价值的主导地位,人在改造自然的过程中,开启了人向自然肆意破坏和无度掠夺对立模式,在工具理性的高歌猛进中对自然施以支配和统治的管理模式。伦理的约束缺乏,让人失去了对道德、理想、信念的追求动力,始终立足于人自身利益的价值衡量标准,形成了现代管理中的价值偏失、GDP 主义至上、法制建设不足、文化理念分歧等价值观念和行为方式,使生态伦理价值理念和道德规范陷入困境,最终造成现代管理以人为主体的公平价值失却、以可持续发展为目标的求而不达、以安全为保障的秩序失衡、以文化为内驱的动力不足等目的意识和价值意义的缺失。因此,需要破解生态伦理在现代管理中遭遇的困境,促进生态价值的实现以顺应时代发展的需求,将生态价值的实现置于公正价值确立、生态战略实施、政府责任强化、文化理念创新的框架下寻求解决的出路。通过确立协调共生的价值理念,在遵循生态规律和社会规律的前提下,追求人类的整体利益和长远利益;践行绿色发展的行政理念,以可持续公平为发展目标,实施和谐发展的生态战略;协调生态法则和道德法则的平衡,建立完善生态法制建设,强化政府的生态安全责任;促进生态文化人格建设,立足生态科学理论,弘扬人文精神,在扬弃传统生态伦理思想和理论的创新中,发挥生态文化支撑作用,推动生态文明建设取得新进步。

第六章　我国现代管理的生态伦理价值建构之维

人类命运共同体的构建立足整体思维、强化公共意识、促进协同发展,通过共同体各成员之间不断加速互联互动,持续加深发展融合,日益加快共赢合作,反复密切人文交往,形成了与生态文明建设相契合的生态伦理理念。社会主义生态文明建设在新理念引导下,继承和发展马克思主义生态思想,使国家综合治理秉承生态伦理理念,遵循生态伦理原则,规范生态秩序建构,推动中国现代社会发展朝着生态化的方向迈进。因此,加快生态文明建设需要优化生态伦理,促进现代生态伦理的价值建构,以化解人与自然相互对立的矛盾关系,使生态治理遵循生态理性而具有伦理合理性,进而达到生态善治的理想状态,加促实现美丽中国的战略目标。我国生态伦理在管理实践中的有效落实,必须依赖于制度化模式的建构来实现保护生态环境、保障生态安全、保证生态公正的现代管理目标,遵循生态化的理性思维逻辑,使人与自然道德关系的伦理原则和行为规范体现在管理决策的实践过程中。我国现代管理的生态伦理价值建构,必须要重视人民生命安全和健康生活对社会可持续发展的影响,化解不同地区和群体之间社会健康状况不平等的矛盾与冲突,通过普遍的生命安全健康价值建构的合理透视,提高管理生态系统中人的健康生活质量,使人民群众获得健康福祉以维护社会秩序平稳有序,在生态伦理的规约和指向下,提升我国生态治理的整体性调节及控制能力,从而真正实现人与自然的和谐共生。

一、中国生态文明建设中的生态伦理价值阐释

现代化工业文明为人类带来了空前的繁荣和进步,但同时也付出了巨大的生态代价,使人类的生存和发展面临着严重威胁。生态伦理为全球的生态治理明确了如何处理好人与人、人与自然的关系,也为解决当前我国社会主义现代化发展中的主要矛盾提供了生态价值理念,人与自然和谐共生的生态观念、人类命运共同体

的伦理价值、美丽中国的理论思想,构成了中国本土化生态伦理价值体系,为我国生态文明建设取得更大的进步提供重要的理论基础。

(一)基于命运共同体的生态伦理价值构建

工业文明的崛起在推动世界历史进步的同时,激化了人与自然之间的矛盾,使人类遭受到自然的灾难性报复。面对全球生态危机的挑战,人类社会无法继续以冷战思维固守弱肉强食的丛林法则,重操扩张侵略的霸权手段进行零和博弈,否则只能让同命多舛的人类社会失去对公正的期望,在不断重创自然的反生态道路上愈行愈远。随着现代管理中人们的社会交往范围不断扩大,互动需求不断提高,人们生存的相互依赖性和利益关联性也在持续强化,全球化背景下深度发展中出现的共同性问题愈发强烈地影响着人类共同体的价值取向和行为方式。这一思想汲取了中华传统文化的精髓,体现出中国为人类命运和共同利益去谋划美好世界蓝图的理想追求,其中蕴含着中华民族"天下"情怀的智慧和担当。2017年,联合国决议首次写入"构建人类命运共同体"理念,倡导国际社会弘扬合作共赢和构建人类命运共同体的精神,加强对非洲经济社会发展的支持。这昭示着全球正在成为一个行动的联合体和命运的共同体,构建一种使所有人力求利用人类文明成果来寻求自我发展的交往关系和组织形态。①

可见,当前在以世界多极化、经济全球化、文化多样化、社会信息化为总体特征的时代背景下,人类命运共同体已逐渐成为中国引领时代潮流和推进生态文明建设而对世界贡献的重要思想和理论。"人类命运共同体"是以习近平同志为核心的党中央领导集体为人类做出珍爱和呵护地球的明智选择与行动而创造性地提出的新理念,这种摒弃冷战思维、阵营对抗理念而向世界贡献的中国智慧可以从三个方面加以阐释。

第一,命运共同体以人与自然的生命共同体建立和谐共生的密切联系。反思工业文明时代形成的人欲僭越自然的妄自尊大,审视人凌驾于自然之上的思想痼疾,"我们要认识到,山水林田湖是一个生命共同体,人的命脉在田,田的命脉在水,水的命脉在山,山的命脉在土,土的命脉在树"②。坚持生命共同体的理念启示人们,人作为组建生命共同体的子系统,关爱自然就是关切和爱护生命共同体,才能实现人类生命的存续利益。在生态伦理视角下要实现建设人类社会与地球自然密

---

① 张曙光."类哲学"与"人类命运共同体"[J].吉林大学社会科学学报,2015(1):125-132.
② 习近平.关于《中共中央关于全面深化改革若干重大问题的决定》的说明[N].人民日报,2013-11-16(001).

不可分的共同家园这一目标,就必须使依赖于自然方能求得生存的人在生命共同体中尊重自然、顺应自然、保护自然,认识到保护生态环境就是保护生产力,改善生态环境就是发展生产力,使人类共同体成为自然生态系统的维护主体。生态文明的时代精神由生态哲学得以彰显①,而人类命运共同体的时代精神则在类哲学中予以弘扬②,生态文明进程中建立追求和谐共生的人与自然关系的生命共同体,实质上包含着基于生态哲学和类哲学的重合交汇处对"生命同根"价值焦点的共同关注。

第二,命运共同体以超越民族国家的伦理共同体重构现代管理的伦理秩序。构建人类命运共同体从世界观、价值观和方法论上具有一种治道变革的蕴意。人类命运共同体理论对世界秩序格局和全球价值体系的认知不再拘泥于民族国家的意识形态,它突破了族群和疆土的界域划分而注重人类整体利益的关联性;巩固当前秩序中彰显公平、弘扬正义的成果;整改的是以往秩序中有违公允、缺失道义的顽疾;亟待构建在21世纪突现的新型国际秩序。③传统的世界秩序依据的是单边的、孤立的、对抗的思维逻辑,企图凭借压倒性的经济、科技、军事等优势实行强权政治,在不同文明价值体系中推行所谓的普世价值,通过价值同化的吞噬作用达到对更多资源的支配目的。这种旧秩序中,"人们对自然界的狭隘的关系决定着他们之间的狭隘的关系,而他们之间的狭隘的关系又决定着他们对自然界的狭隘的关系"④,使人与人的关系陷入争夺自然资源的丛林法则之中。人类命运共同体只有打破基于价值霸权逻辑的强制性统治的秩序格局,才能融入正义、和谐的伦理价值而显露出更加具有伦理合理性的新秩序面貌。人类命运共同体理论下建立的世界新秩序是一种基于多边合作原则实现的共生共赢,倡导现代管理主体在政治、经济、文化、安全和生态方面进行深度融合,从而形成完整统一的有机共同体。这种新秩序坚持尊重他者、包容差异的基本原则,强调生态平衡、绿色发展的演化规律,注重民主协商、平等合作的参与方式,凸显互利互惠、共生共赢的价值指向,最终维护和实现生态和谐、社会正义的伦理秩序。

第三,命运共同体以人类发展的价值共同体促进生态文明的共建共享。由于人们所在的地理环境、经济状况、政治制度、伦理道德、宗教习俗具有差异性,国际

---

① 刘福森.与时代同行:生态文明呼唤一场哲学革命[J].人文杂志,2010(5):1-6.
② 张曙光."类哲学"与"人类命运共同体"[J].吉林大学社会科学学报,2015(1):125-132.
③ 丁工.人类命运共同体的实践路径和中国角色论析[J].当代世界与社会主义,2017(4):181-187.
④ 中共中央马克思恩格斯列宁斯大林著作编译局.马克思恩格斯文集:第一卷[M].北京:人民出版社,2009:534.

社会各行为主体在构建生态文明的进程中不可避免地发生着冲突,人类命运共同体正是准确把握了现实客观的时代脉搏,基于尊重文明的多样性和不同国家发展道路的特殊性,追求秩序稳定、和谐发展的人类社会普遍认同的价值目标。因此,寻求共同价值就成为共同体内各成员达成共识、获得一致的关键所在。"和平、发展、公平、正义、民主、自由,是全人类的共同价值,也是联合国的崇高目标。"①这种共同价值的确立基于坚实的物质基础,取决于人类地球的共同利益,使各国人民在生态文明的合力建设中享获相互依存、交融扩展的利益成果。首先,维护人类作为整体的共同利益是实现人类命运共同体利益的前提。各国人民必须树立共同体利益的整体观,才能够协同起来攻克生态危机、疫情防治等全球性难题,进而实现作为部分利益的个人利益和国家利益。其次,维护生态系统的平衡是实现人类命运共同体利益的保障。人类共享一个地球,守望同一片蓝天,身为自然生态系统的成员,每个人都有保护自然、平衡生态的责任,这种基于平等责任的落实体现出和谐成长氛围下的共同利益需要。最后,追求人类永续发展是实现人类命运共同体的利益旨归。满足人类持续存在和永续发展的需求,必须建立在当代人的行动要尊重和保护后代人的生存发展的利益基础上,通过世界各国人民对美好生活向往的共同发展机制实现代际正义,让子孙后代同样能够享受到生态文明建设的丰硕成果。

(二)生态善治对美丽中国愿景的实现

加快生态文明的发展进程,追求美丽中国的宏伟目标,顺应了新时代发展下人民群众对美好生活的期待,对我国解决现代化发展过程中所面临的环境污染、生态退化、资源短缺等严峻形势具有重要的现实指导意义。党的十九大再次明确了五位一体总体布局的历史意义和战略地位,强调以"加快生态文明体制改革,建设美丽中国"为基本国策和生态战略,通过对生态文明建设提出的一系列新思想、新要求、新目标,使国家治理过程秉承生态伦理价值理念、遵循生态伦理原则和规范构建秩序,妥善如何处理好人与人、人与自然的关系,为新时代发展下早日达成美丽中国的具象目标以及生态正义、社会正义的美好愿景提供了根本遵循和行动指南,促使国家治理能够满足生态治理的合伦理性要求,从而达到生态善治的理想状态。

1. 生态伦理为经济健康发展提供持续动力

生态文明建设对节能减排以限制经济发展增速的要求与经济发展之间似乎存

---

① 习近平.接受构建合作共赢新伙伴 同心打造人类命运共同体——在第七十届联合国大会一般性辩论时的讲话[N].人民日报,2015-09-29(001).

在着难以协调的冲突。究其根源,关键在于现代工业化生产方式的不可持续性。这种基于生产主义的生产方式只注重经济增长的数量和速度,而忽视了经济增长的质量和效益,在规模化生产中通过不断刺激人的消费欲望,从而导致了过度消费对资源的浪费、生态的破坏和环境的污染。因此,我们应当重新审视生产目的以推进绿色的、健康的生产方式变革。生态文明建设要求生产力的提高必须符合生态学法则的经济理念,将环境保护的价值观内化于经济发展中,以生态系统的承载力和资源的可持续利用作为经济社会发展的准则,在经济管理活动对环境的影响最小化的前提下,追求经济效益的最大化。在生产方式对社会发展的决定作用上,马克思认为,"物质生活的生产方式,制约着整个社会生活、政治生活和精神生活的过程"①。可见,实现生态环境和经济发展的协调共赢,要把符合生态文明建设要求的绿色科技创新作为推动循环经济和生态产业的变革动力,蓄力创建以信息产业为代表的高新技术产业,由以物质和能源为主导的传统制造业向以信息技术为主导的新型制造业转变,将环境资源作为生产要素纳入市场机制的规制管理,不断完善环境经济激励机制,把生态价值的产业化转化作为促进经济增长的新型方式。以经济发展与环境保护的和谐之善作为生态价值及道德评价的标准,在生态伦理的调节和规制作用下,让经济管理活动更具伦理的属性,通过政府的积极引导,充分发挥社会主义市场经济的协同发展作用,促使生态化可持续生产方式成为实现美丽中国的根本性举措。

2. 生态伦理为政治公正高效提供内在依据

英国著名社会学家安东尼·吉登斯(Anthony Giddens)在《气候变化的政治》中通过提出"政治敛合"的概念,寻求气候变化的相关政策与其他公共政策中的价值观、政治目标的重叠程度,以此获得不同领域价值同构的协同放大效应。清洁的空气、优美的环境等一系列与人的幸福密切相关的环境善物,作为介于国家政治与生态道德之间的内在价值关联,在国家治理层面体现出共同的价值目的,同时符合生态伦理对政治正义的价值理念。生态文明建设需要发挥政府的主导和协调作用,加促政治公共权力的生态化转向,形成协调运转、公正高效的行政管理体制,强化政府的公共服务社会职能,致力于推动政府、企业、公民社会的协调互动,在多元化生态治理模式的结构中体现出政治生态伦理对各行为主体的内在要求。生态文明建设同时还需要落实生态文明制度的执行效果,完善生态伦理的法制体系,敦促生

---

① 中共中央马克思恩格斯列宁斯大林著作编译局. 马克思恩格斯选集:第二卷[M]. 北京:人民出版社,1995:32.

态公正在制度的设计、执行和监督全过程得以充分体现,使政治正义成为实现美丽中国的有力保证。首先,生态制度的设计应该坚持善治的原则,使生态文明的制度伦理趋向人、社会和自然的整体和长远发展。其次,生态制度的执行要坚持公平的原则。政府引导生态环境治理的价值取向应突出"谁污染谁付费""谁开发谁保护""谁利用谁补偿"的平等原则,使所有企业、团体、个人必须对其污染和破坏生态环境的行为承担起相应的生态责任。最后,生态制度的监督应该坚持民主的原则,在社会公众的广泛参与中体现出政治的民主性。社会的舆论监督和公众参与作为推动政治公共权力服务于生态公共利益的手段,提高公众的参与意识和参与能力是在具有强制性的监督机制下落实生态责任的有效途径。

3. 生态伦理为文化道德变革提供精神支撑

党的十九大强调思想文化建设取得长足进展的深远影响,对于我国生态文明建设的推动毫无疑问具有创造性价值。生态文明建设的文化发展应当融入生态要素以形成现代管理的生态伦理观,从而推动新时代发展需要的生态文化建设。针对生态文化发展受到西方近现代形成的人类中心主义传统的羁绊,非人类中心主义在肯定人的价值主体同时,将内在价值赋予自然本身,企图通过自然人化而扬弃自然状态,力求人类转变反自然的道德范式。然而,在生态善治的伦理视域下,人作为治理的主体和目的则要复归至其应有的核心地位,突出治理必须以人为中心的伦理主基调。这种强调以人为本的生态伦理非但将道德关怀拓展至自然领域,"而是一种在人与人之间建立起来的社会关系中涉及人与自然之间关系的伦理性规范"①。由此,基于生态善治形成的生态伦理观应强调生态公共治理要符合人性和人道,从人的内在的自然完善之维,在自然、人、社会的有机联系中确立生态整体发展观,尊重人的生存和发展权利的普遍性以达到利己与利他的统一,在开发利用自然的同时维持自然的生态系统平衡以达到自由和平等的统一,最终实现人的全面发展。生态伦理的道德变革以一种更加符合人性发展的伦理观为生态文化建设提供精神支撑。这亟须从中国传统文化中汲取生态伦理文化基因,使优秀传统文化在传承和弘扬过程中更加注重生态要素的价值引领作用,逐渐形成回应我国广大人民共同利益诉求的主导文化,成为被广大社会成员所认同和接受,并对其生态行为起决定和支配作用的价值观。例如,确立超越物质主义、消费主义的生态消费观,把追求和崇尚适度消费、绿色消费、精神消费的价值观念及行为规范凝练、概括

---

① 岩佐茂. 环境的思想与伦理[M]. 冯雷,等译. 北京:中央编译局出版社,2011:156.

为道德准则加以宣传和推广,在文化引导作用下将生态消费伦理规范真正内化为人们的自觉行动,从而在道德自律的教化中形成实现美丽中国之文化灵魂的生态合力。

4. 生态伦理为社会和谐自治提供协同取向

自1971年德国物理学家赫尔曼·哈肯(Hermann Haken)提出了协同的概念,研究发现在一定条件下系统通过信息交换,使子系统间的相互作用产生协同效应而形成自组织结构。① 这种自组织状态下构建的有序结构所发挥的功能要大于各子系统单独作用相加的总和。尽管这种有序结构在自然协同与社会协同中形成的条件不同,前者是由混沌自发地形成,后者则要通过人类活动才能实现,但其内在的自动机制为社会领域中形成多元治理主体间的协同效应具有指向意义。1990年,制度分析学派的代表人物埃莉诺·奥斯特罗姆(Elinor Ostrom)针对公地悲剧、集体行动困境,寻求公共事务治理介于多元主体参与决策的解决方式,强调达成在沟通、信任、合作的共识基础上的互动模式,对于运用社会资本以促进共同利益的作用。政府、市场、社会和公民个人等多中心治理主体在行使权力的过程中,这只"看不见的手"通过发挥协调作用以进行有效合作,这种调动多方互动力量而提高治理能力,追求共同利益发挥治理主体积极性,体现出自主治理的高效性,从而实现生态环境"善治"的最优化效果。党的十八大强调建设和谐社会的重要性,实质蕴意着人与人的和谐、人与社会的和谐、人与自然的和谐乃实现美丽中国的通幽之径。而生态伦理正是以生态正义的治理指向,为多元治理主体构建生态和谐社会提供了协同治理的依循路径。首先,践行生态正义以建设人与自然和谐共生的社会。政府具有激发公民增强生态意识的义务,鼓励和支持社会的广泛参与,在加强生态治理能力中实现社会自我调节和生态自治互动。其次,推进生态公正以建设人与人关系和谐的社会。应统筹整体和局部、发达与落后地区等方面的生态利益,使不同群体公平地分配生态利益、承担生态责任。最后,保证生态公平以建设社会公平的和谐社会。实现生态利益与社会利益的公平分配,需要按照兼顾公平和效率的原则,重视政府借用市场竞争机制对资源配置的调节作用,同时注重依靠社会的道德力量平衡生态利益格局,实现多元主体的良性互动,以发挥生态和谐社会的协同作用,缩小社会之间的贫富差距。

5. 生态伦理为文明范式转向提供实践指引

党的十八大将生态文明纳入中国特色社会主义"五位一体"总体布局,并强调

---

① H.哈肯.信息与自组织[M].成都:四川教育出版社,2010:35.

把生态文明建设置于突出地位。兼顾多方位建设以达到普遍、协调、聚合发展成效,必须从整体上统筹设计,使社会基本结构始终渗透并契合着生态伦理要义的喻指,以此呈现经济昌盛、政治民主、文化繁荣、社会公平、生态良好的发展态势。就生态文明建设而言,超越工业化发展的文明现状而达到新的文明形态的发展进程,应当以生态优美为阶段发展目标,并以实现人与自然和谐共生为深层价值目的,体现出履践生态伦理价值观在生态领域的国家治理成果。因此,生态文明与国家治理具有协同的价值目标,都是将实现人与人、人与社会以及人与自然的和谐价值理念作为引导我国社会发展的指向价值,进而转为社会公众普遍认肯、广泛接受并自主实现的内核价值。自从原始文明经过农业文明达至工业文明,人类所经历的任何文明时代都凭借伦理道德决定适当的价值取向和规范选择。因此,新时代发展背景下倡导的生态文明,是在吸纳了过去历史形态文明的基础上进行的超越性创新,代表着人类文明发展进化的新方向。生态伦理作为生态文明的重要价值观念,指引社会变革转向绿色发展范式,倡导民众自觉参与绿色生活,为工业文明向生态文明的转变明确了道德责任和利益关联,同时生态伦理作为生态文明建设的管理实践手段,从道德规范的实践层面为生态文明提供了可取的治理方式和选择范式。党的十九大明确提出"加快生态文明体制改革,建设美丽中国"的基本国策和发展战略,实质上强调了美丽中国的实现应以制度为保障,涵盖政治、经济、文化、社会和生态五个方面,将生态文明建设纳入制度化、法治化轨道,使国家治理与生态伦理成为相辅相成的制度化同构过程,进而达到生态善治的理想状态以加促美丽中国的早日实现。

二、中国生态伦理的现代管理决策模式

生态伦理是关于人与自然的道德关系的伦理原则和行为规范,面对全球化日益严重的生态危机,公共管理活动必须严格遵循生态环境系统的平衡规律,决策行为要以生态系统为理论前提,以生态伦理为规范原则,以生态效益为评价标准,才能在生态战略的管理决策中实现经济效益、社会效益和生态效益的综合化与最优化。随着《中华人民共和国环境保护法》的修订,环保体制机制逐步健全改进,生态环境质量稳步改善。为了进一步协调生态文明建设与经济社会发展并驾齐驱,优化民生环境质量,现代管理必须率先发挥提高民众生态文明意识的导向作用,提倡并激励绿色低碳、清洁健康、生态环保的生产模式和生活习性的形成,以协调共生、和谐共享、合作共赢为基本发展理念,逐步培养管理者决策时协调环境冲突问题的处理能力,才能实现人类命运共同体的共同繁荣和共同富裕。

(一)生态管理及其决策理念建构

生态管理顺应我国新时代绿色发展潮流,在加强生态文明建设背景下应运而生。其理论立足于全面协调可持续的科学发展观,坚持以人为本,运用管理系统之间的普遍联系观和相互协调观,使管理主体赋予生态环境系统中各个要素以价值关照,从而使决策行为达到生态系统稳定有序的最优化目的,并实现组织活动与外部环境保持动态平衡的状态。生态管理决策强调系统思维、创新思维和辩证思维等特征,注重生态效益与经济效益相平衡、生态法治与领导责任相融合、生态权益与民主参与相契合,为促进人与自然、社会的生态和谐提供理论指导和实践意义。

1. 生态管理的提出背景与理念

随着改革进入深水区,生态文明体制建设逐步推进,中共十八届五中全会提出了"创新、协调、绿色、开放、共享"五大发展理念,将生态文明建设纳入了"五位一体"的总体布局,并开启了为满足人民日益增长的美好生活需要进行生态治理的创新变革。党的十九大吹响了我国步入新时代、夺取新胜利的冲锋号角,当前在树立人与自然的生态和谐,实现中华民族永续发展的背景下,构建美丽中国的宏伟蓝图而探究生态管理理论,不但是对人类社会发展规律认识的深化,而且是对社会主义科学发展观的创新。

生态管理就是研究现代管理活动及其生态发展规律相互关系的科学,是强调组织管理中各个生态环境要素之间的相互联系、相互作用的客观规律并有效运用的新兴交叉科学。生态管理坚持以人为本,是基于组织活动中管理主体在各种复杂的生态环境系统中,发挥有利生态要素的促进作用,适应或者改变环境对组织管理活动的生态影响,以此协调管理行为系统中相关各个要素的稳定有序,从而使管理活动与外部环境保持动态平衡的一种管理行为的过程。在管理活动的决策环节,通过应用一般生态学的理论与方法,理解并解释管理活动中组织与生态系统的有机统一关系,力求在管理决策进程中达到管理生态系统最优化状态。

2. 生态管理的决策思维变革

生态管理在决策思维中所应具备的系统思维、创新思维和辩证思维等特征,为管理决策适应时代变革的合生态化需求拓宽了思维模式。

一是系统思维。系统是由两个和两个以上相互联系的要素依据一定的机构组成的系统整体,管理越来越需要关注组织系统与组织环境两者之间的互动作用,从而使管理活动遵循生态规律并保持生态系统平衡。生态管理的系统思维包括从自然环境系统、社会环境系统出发建立有机统一的系统整体观。

首先,"系统是物质世界存在的基本方式和根本属性,即自然界是成系统的"①。自然环境是人类赖以生存和发展所必需的自然条件和自然资源的总称。自然环境作为一个先天性的完整的生态系统,始终遵循客观的自然规律运行并演化,这个生态系统内部的物质、能量和信息不断进行交换使得整个自然保持有序和平衡的发展状态。

组织处于各种观点、信息、诉求的交织中,这就决定了管理者做决策时必须要对系统各要素间的交互作用加以全方位的度量,对物质世界和人类社会进行整体化的系统分析。一方面,管理者要清醒地意识到自然环境在资源上对管理活动的限制性,充分考虑到地理空间位置、自然能源等资源条件的制约对管理活动的预期目标的完成所造成的影响;另一方面,管理主体要对自然环境主动适应,在对自然环境进行力所能及的改造活动中,保证管理活动的实施符合人们赖以生存的物质基础的客观要求。因此,管理者在客观理性地认识自然环境对管理活动的制约影响基础上,可以根据具体掌握的自然环境特征及规律发挥资源调动的积极性和可行性。

其次,社会环境是指人类生存及活动范围内的社会物质、精神条件的总和。复杂的社会环境决定了在各个领域内管理者的决策方式、心理投射、才能施展以及工作成效会产生不同的影响。我国社会发展正处于加速转型阶段,优化社会环境对于完善管理决策变革、提高管理活动效能将发挥重要的作用。

生态管理的社会环境系统包括社会政治环境、社会经济环境和社会文化环境三个层面的决策分析影响因素。第一,社会政治环境对管理体制和领导决策的影响至关重要,稳定而有序的社会政治环境对活动的约束较少,"因此领导主体在这样的社会政治环境中能够把精力更多地集中在领导方法科学与否、领导决策正确与否上,从而使领导活动更加科学合理"②。第二,社会经济环境取决于社会生产力和生产关系的状况,管理活动的开展必须要以经济环境为基础,根据具体经济环境提出的要求和提供的条件做出适当的变革与调整。所以在社会经济环境中发达的社会生产力、充足的社会财富和先进的科学技术是科学管理决策的前提。第三,社会文化环境包括民族特征、价值观念、生活习俗、道德信仰等的总和。积极向上的社会文化环境能够使管理者更易于接受不同于自身观点的决策观念。因而,管理者必须具备统筹全局的战略眼光、多谋善断的决策魄力和开放包容的适应能力,

---

① 乌杰. 系统哲学[M]. 北京:人民出版社,2008:40.
② 彭忠益. 领导科学基础[M]. 长沙:中南大学出版社,2012:65.

才能充分利用新技术、新思维、新理念来改善管理的生态系统环境。

二是创新思维模式。创新思维不但可以提升环境管理能力,而且能够体现出管理者应对环境问题的处理能力和解决方式。

其一,创新理念的认知层面。宜时决策需要创新理念的支撑。创新能力是对决策者想象力的挑战,即要求决策者超越认知局限和思维定式,在遇到无经验可借鉴的境况下,打破以往经验积累拼合的决策复制模式,不断培养创新的锐气和果敢的胆识。这不但需要管理者突破以线性的经济发展至上的既定的知识习惯和适应的判断模式,在决策设计时跳出地方经济发展的局限性思维,还要求管理者客观、理性地认清时局,清醒地意识到决策的行为目标,权衡政策决策的信用风险与行政绩效的目标收益后果断做出决定。习近平总书记提出了"绿水青山就是金山银山"的科学理念,深刻揭示了发展与保护的内在统一关系以及两者彼此促进、协调共生的方法理念,彻底更替了关于自然资源无价的传统认知,跨越了将发展与保护完全对立的思维障碍,使人们领会到保护生态就是增值自然资本、保护环境就是挖掘经济社会发展潜力的过程,达成"保护生态环境就是保护生产力、改善生态环境就是发展生产力"[①]的思想共识,力图把生态环境优势转化成经济社会发展的优势,以生态环境改善的绿水青山接续经济持续发展的金山银山。

其二,创新能力的提升层面。科学决策需要创新能力的支撑。生态管理的决策性要想具有科学性,必须要有创新能力的支撑。管理者创新能力和素质的培养需要以复杂问题解决方案的素材提供作为基础。只有发现和捕捉更加丰富的备选方案,才能为科学决策提供前提和可能。这是因为,充足而又丰富的备择方案,不仅为决策主体提供比较权衡的空间和科学决策的机会,也为决策思维的开放性和灵活性给予了养分,为启发管理者的谋策智慧、提高转化重组的决策能力奠定了必不可少的基础。此外,在管理活动中还要充分展现体制的创新力量,破除制约科技发展和生态改善的制度藩篱,将生态管理决策制度化为规划和变革组织环境的内在合力,调整一切不适应创新驱动发展的生产关系,使科技创新和生态体制机制创新协同发挥作用,在"绿水青山就是金山银山"对美丽中国壮阔画卷的徐徐展开中形成创新发展的合力。

三是辩证思维模式。世间万物均是以系统的普遍形式存在于自然万物之中的。因而我们必须要以系统的辩证思维把握全局,从整体角度进行生态管理决策

[①] 习近平.习近平谈治国理政[M].北京:外文出版社,2014:209.

的综合思考。

首先,有限的理性决策和无限的环境因素影响。人的实践活动随着个体在生活世界的经验积累使自我认知在社会历史发展过程中不断深入,其理性认知的程度受限于决策主体的知识水平、道德观念和价值理念,因此赫伯特·西蒙提出有限理性"是关于那些因缺乏寻求最优的才智而转向寻求满意的人类行为的理论"[①],并认为应当用令人满意的准则代替最优化的准则。生态管理决策者由于知识的有限性、信息的不完整性、价值取向的多元性,在特定的时空范围下面临交织着经济、政治、文化、军事、教育等子系统的生态环境因素影响,这要求管理者必须改变毕其功于一役的认知习惯而致力于有限理性的决策追求。

相对而言,制约决策的外界生态环境因素影响是无限的。随着管理活动的时空范围的变化,这种有限理性决策与无限生态环境影响之间又可以进行潜移默化的流动和转换,构成一个相互联系、不可分割的有机整体。尽管有限理性决策需要决策者对环境风险与生态效益进行综合评判,然而决策主体必须克服理想主义思维模式,跳出布里丹选择困境,从价值和目的而不是愿望和动机出发,并在权衡决策目标的抉择时表现出领导者所应该具备的胆略、气魄、意志和勇气。

其次,人与自然生态和谐共生的有机统一。根据辩证唯物主义的观点,绝不应把人与自然环境对立起来,而应该认识到人是在组织和生态环境构建起来的命运共同体这一完整系统中进行环境利用及环境改造等管理活动的。只有将管理主体的能动性与生态环境的客观规律性结合起来,在管理者建立积极正确的价值观和世界观的基础上合理设置管理活动目标,才能使生态共同体成员在尊重生态共同体价值的前提下共享对待自然的自由、平等与公正,体会与理解生态公民之间的共同命运感,彼此互享、共同承担、和谐共存。在生态管理决策中建立基于相互信赖、彼此合作并共同遵守的价值准则,目的是协调人类共同体生存的合目的性与合规律性的矛盾,使人类自觉调整自身生存和自然生态平衡规律之间的关系,协调自然对于人的制约性和人对于自然的能动性,协调人对于自然的改造和人对于自身行为影响的预见、支配,实现合自然发展的规律性与合人类发展的目的性的统一。

3. 生态管理的决策行为实践

生态管理的决策行为实践包括如下三个方面:

第一,生态管理决策行为的愿景建立:经济效率与生态保护的博弈。传统的发

---

① 赫伯特·西蒙. 管理行为——管理组织决策过程的研究[M]. 杨砾,等译. 北京:北京经济学院出版社,1988:20.

展方式以 GDP 为纲、以经济效率至上,这是一种缺乏协调性、持续性、生态性的单向线性思维模式。如果我们要实现三年内完成打赢蓝天保卫战的预期目标,就必须跳出狭隘的经济主义思维,平衡生态效益与经济效益之间的矛盾冲突,建立经济文明与生态文明相互协调、可持续发展的愿景。

然而,保护生态环境还需要管理借助社会、政治和经济力量持续推进,管理者正是在驾驭这种看似悖论的双重性过程中实施决策。管理者必须要具备把经济文明建设和生态文明建设在同步发展的过程中融合在自己的思想和行动中的能力,决不能以牺牲环境为代价去换取眼前的经济利益。因此,一方面,管理者要具有辩证思维,树立系统观念,重视系统整体功能的发挥,有效协调经济发展和生态保护的平衡关系;另一方面,决策前管理者应做到兼听则明,在制定决策时应当依据生态系统管理的一般原则,避免根据个人偏好对待自然环境,在决策实施活动中应该采取积极主动的、客观求实的态度把握环境。生态管理的系统决策不仅要"维持自然资源与维持依赖于自然资源的社会经济系统之间的一种平衡"①,还要能够涵摄社会、经济、生态等多维视域的管理活动。

第二,生态管理决策行为的法制规范:依法执政与领导权责的契合。生态法制的建立健全为生态管理提供了决策制定的充分依据和活动开展的坚实保障。《党政领导干部生态环境损害责任追究办法(试行)》首次规定环境保护的"党政同责"要求,对追究党政领导干部生态环境损害责任做出制度性安排。史上最严格的制度、最严密的法治正在为生态管理决策的实施提供最强劲的法律武器。我国在生态安全战略部署中划定了三条红线,即生态功能的保障基线、环境质量的安全底线和自然资源的利用上限,生态红线作为中华民族繁衍生息和永续发展的生命线被首次提出。习近平总书记曾明确指出,"对于生态红线全党全国要一体遵行,决不能逾越"②,生态管理强调增强可持续性发展不可逾越的政策法规,应当将生态红线、生命底线作为领导决策的衡量标准和评价指标。

习近平总书记在十八届中央政治局第四十一次集体学习时强调,生态环境保护能否落到实处,关键在于领导干部能否肩负责任并积极作为。"要建立责任追究制度,主要对领导干部的责任追究。对那些不顾生态环境盲目决策、造成严重后果

---

① 李笑春,曹叶军,叶立国.生态系统管理研究综述[J].内蒙古大学学报(哲学社会科学版),2009(4):87-93.
② 中共中央宣传部.习近平系列重要讲话读本[M].北京:学习出版社,人民出版社,2014:127.

的人,必须追究其责任,而且应该终身追究。"①只有将制于法律监督的领导权力与领导工作责任机制形成契合,重视生态法律法规的贯彻落实并坚持走法制化轨道,才能在领导决策中体现出其生态管理依法执政的合法性、透明性和责任性。

第三,生态管理决策行为的价值聚焦:生态公益与民主参与的融合科学而民主的管理决策能够让民众生活在宜居的环境中,切实感受到经济发展带来的实实在在的环境效益,享拥清新空气、洁净水源、碧海蓝天、绿水青山,"它追求公共利益,聚焦公共价值""更加关注价值优化而非目标甚或手段的优化"②。

公民个体作为最关注和熟悉自己生态环境状况的权利主体,在广泛参与的过程中"可以起到监督政府、集中民智、完善政策、自我教育、化解矛盾、体现其主人翁地位和提高其满意度等诸多作用"③。因此,生态管理在引导和支持生态公民的成长中应该激发并培养意识更强、范围更广、质量更高的生态民主责任模式,激励公民参与生态管理过程以实现公民个人的生态利益或生态权利。

政府管理部门作为委托人,在为公民提供生态化公共产品和公共服务时,要广泛听取意见,甚至接受相对立场的意见。哈贝马斯认为:"具有政治功能的公共领域讨论的前提就是客观上官僚决策的最小化和根据能够认识到的普遍利益使利益结构冲突相对化。"④政府要充分表达公民生态环境的偏好,防止因为个人偏好而做出刚性的评判,从而屏蔽信息的互动和交流。在凝聚社会共识的基础上,只有不断增强人民群众对生态环境的融入感、获得感,才会营造出全社会共同参与生态文明建设的良好氛围。

(二)生态伦理的现代管理决策运行模式

生态伦理是在人、自然、社会共同建构的整体系统中形成的关于生态环境活动的伦理关系及其协调原则,依托生态理性逻辑为现代管理决策明确价值导向和伦理规范,这与现代化管理的目标与过程具有普遍的一致性。建立人与自然和谐共生的评价标尺作为决策制定的理论依据,通过尊重自然规律、建构生态秩序以及协调可持续发展,对合理性的生态伦理价值理念进行管理决策的实践转变,需要基于多元价值取向的平衡协调,在决策的道德性建构中表现出公共福利增进、资源分配公正、生态权责对等价值关照。

---

① 坚持节约资源和保护环境基本国策 努力走向社会主义生态文明新时代[N].人民日报,2013-05-25(001).
② 刘峰.新领导力[M].北京:国家行政学院出版社,2014:62.
③ 黄爱宝.生态善治目标下的生态型政府构建[J].理论探讨,2006(4):10-13.
④ 哈贝马斯.公共领域的结构转型[M].曹卫东,等译.上海:学林出版社,1999:266.

第一,生态伦理的现代管理思维方式应当依循生态理性的逻辑路径。20世纪80年代初,奈斯创立的深生态学倡导人与自然和谐相处,批驳了人类中心主义价值局限,代表了共生主义的世界观。此后,又提出了政策制定原则应体现拯救恶化的环境、重建文明新秩序的共同责任。其蕴含的"生态智慧T"(Ecosophy T)"不仅要求重新建构自然生态的平衡,而且更重要、更深层的是要重新建构人的精神生态、人格生态以及整个文明的价值生态的平衡"①。

生态理性作为生态伦理的精神内核,旨在引导现代管理决策遵循自然规律的客观性和价值性②。在遵循自然规律的客观性方面,要审慎看待生态阈值的科学认识,规范人对自然的改造限度,保证决策实施的合规律性;在遵循自然规律的价值性方面,要保持自然系统的生态服务价值,促进人与自然的同存共生,体现决策调整的合伦理性。

由此,生态伦理的现代管理决策应当按照生态理性的逻辑思维,深化自然和社会的发展规律,强调自然规律的遵循和人类本性的归复,对照现代管理中人本观、系统化、公平性、高效率、可持续的价值指向,镜鉴生态伦理的精神信念和价值观念,在决策中平衡工具层面和价值层面之间的关系,从而达到管理组织与生态环境的和谐共生。

第二,生态伦理的现代管理判定依据应当按照人与自然和谐共生的评价标尺。生态伦理的现代管理决策必须要符合自然生态规律和社会发展规律,坚持科学的生态伦理原则,优化生态与社会秩序,并基于系统耦合共生推进生态与经济协同发展。

首先,尊重自然规律的客观性和价值性是生态伦理决策的评价准则。"尊重自然、顺应自然、保护自然"是生态伦理决策的价值理念。一方面,要以自然的必然规律为基础,在自然客观限度内将符合自然、社会和人格发展规律作为评判依据,实现人与自然的协同共进;另一方面,在遵循自然规律的前提下,在决策价值选择中运用生态理性的反思和批判功能,通过对规律与主体的关系以及对主体意义的审视,为决策标准提供了规律依循和价值追求相契合的抉择条件。

其次,维护生态秩序与社会秩序是生态伦理决策的保障原则。生态伦理视域中的秩序建构,不仅指人际关系之间的社会秩序维护,还包括人与自然之间的生态

---

① 樊浩.伦理精神的价值生态[M].北京:中国社会科学出版社,2001:16.
② 张云飞.生态理性:生态文明建设的路径选择[J].中国特色社会主义研究,2015(1):88-92.

秩序保持①，创造良序的社会关系与保持和谐的生态秩序皆显示出现代管理的伦理属性。因而，既要着眼于社会的整体利益，进行民主秩序的构建，保证多元化的利益相关者之间和谐有序；同时，又要考虑到发展的长远利益，注重生态系统的保护与恢复，主动承担生态秩序的优化责任，维护由人与自然构成的生命共同体的和谐稳定。

最后，协调整体利益和长远利益是生态伦理决策的发展尺度。崇尚经济增长的尺度偏差，会引发社会公平失允、自然生态破坏等危害。因此要设法打破地方或集团保护主义贪图眼前的、局部的狭隘利益观念，才能为可持续发展战略决策的调整提供生态效益价值创造的支撑性条件。坚持生存论和可持续性的统筹原则，要兼顾人与自然生命共同体的整体利益以及人类发展的长远利益，将人与自然协同进化作为生态伦理决策的发展尺度，促进经济系统与生态系统的良性耦合以实现互补共生。

第三，生态伦理的现代管理价值法则应当遵守协调平衡与公正平等的相互统一。现代管理决策不仅要遵循自然生态规律以满足客观的生存条件，还应当以义务道德为起点，使决策活动服从生态伦理的道德规范，保证决策过程中公平与效率的协调、公共利益的谋求、资源分配的正义、生态权责的对等，从而促进人与自然向协同共进的方向发展。

首先，生态伦理应从道德角度对决策的多元价值目标进行协调。人与自然的关系在作为中介的利益转化下，投射出经济与资源环境的辩证统一关系，两者之间既相互依存、促进，又相互对立、掣肘。在促进人类社会发展的共同目标指向上，现代管理决策必须加强生态伦理的调节和规范作用以恢复、平衡生态系统，均衡协调效率与公平的价值取向，平衡发展经济效益和生态效益，利用经济与生态的耦合协同促进社会与自然的和谐关系，保证社会整体利益的完善，并维护个体的正当性利益。

其次，决策须提高生态自觉意识、加强秩序建构以谋取公共利益。追求生态和谐的伦理决策应增强生态意识，将"环境利益即公共利益"转化为公众共识，可促生"与世界观的改变相伴而行的政治决策"②，提升决策行为的科学参与性。构建人与自然和谐共生的生态秩序和社会秩序，需要考量经济、政治、社会、文化等要素

---

① 廖小平,孙欢.国家治理与生态伦理[M].长沙:湖南大学出版社,2018:24-25.
② 霍尔姆斯·罗尔斯顿.环境伦理学:大自然的价值以及人对大自然的义务[M].杨通进,译.北京:中国社会科学出版社.2000:459.

之间的相互影响、普遍联系,使决策依据多维评判标准而更具整合性和包容性,合理配置生态政策资源,建构一种"相互依存、和谐共生"的秩序体系,促使各要素在社会基本结构运行中的高效协同,从而体现出政治决策的公益性。

再次,生态伦理的政策决策要保证环境资源的分配公正平等。要化解不平等资源利用的代内冲突,妥善处理当代人与后代人之间的代际矛盾,政策制定就要纳入生态文化"时-空"观用以诊视发展战略的长远影响,打破时间和地域界限壁垒[①],满足全体社会成员享有平等的发展机会的诉求,顾及未来公民的合理利益,推动生态正义旨向的可持续发展。坚持资源的开发与保护并举,政策实施则需要依靠生态法律和生态伦理来不断提高引导和规范行为主体的生态道德品质与能力,以践履生态文明共建与生态环境共享的平等原则。

最后,决策者应承担生态伦理责任并保证公民生态权责对等。生态伦理要求决策者应对环境造成的影响承担道德责任,决不允许个人或集体为了获取私利而破坏环境资源,由于决策失误而损害了他人、后代、社会的利益,则要追究其道德责任甚或法律责任。保障社会公民对生态权利的平等享有,应鼓励并激发多元主体参与生态治理的积极性,通过政策规划确保协同治理主体间依法平等享有环境保护的参与权和监督权,为社会提供更优化的公共环境和更高质的公共服务,以满足公民的生态环境改善需求。

基于上述分析,生态伦理的现代管理决策力求达成手段与目的的协调统一,融合了生态理性和系统科学的理论方法进行管理目标及伦理标准的制定,致力于多元利益主体形成平衡生态关系的底线共识,规范决策行为遵循"和谐共生"的生态伦理准则,维护了由人、自然、社会所构成的共同体的整体利益,推进生态秩序与社会秩序的和谐构建,促进人与自然的协同进化发展。

三、生态伦理视域下生命安全健康的价值阐释

生态伦理对新时代背景下生命安全健康保障具有普遍价值导向及规制作用。以人与自然的和谐发展为价值旨归的生态理性,坚持人民至上作为核心动力之源为保护人民享有安全健康的社会公共生活环境提供了保障。建构政府的生态行政价值观需要优化生态伦理理念,在公共管理领域中体现出伦理管理对责、权、利三者的有效协调,通过维护生命安全秩序、尊重公民健康权利、公平分配医疗资源实

---

① 徐凌.理性生态人:经济学、生态学视角下中国行政价值观重构研究[M].北京:北京理工大学出版社,2010:121.

现公益性价值目标的追求。守护人民群众生命安全和身体健康的实践途径在于寻求制度伦理对多元主体的利益平衡,促进生态法治与行政伦理的统一,在政府主导下发挥社会组织及公民共同参与的合作治理作用,对于推进我国生态安全治理体系和治理能力的现代化大有裨益,也助力构建人类命运共同体以实现全球化健康卫生的公共安全秩序。

继 2003 年 SARS 病毒传播以来,COVID-19 的大规模暴发再度反映了人与自然之间的矛盾和冲突,病毒在全球蔓延不仅严重威胁着人类的生命健康,还极大地阻碍了社会经济的发展。面对公共安全健康的严峻挑战,政府部门针对公共治理建设进行了富有生态意蕴的伦理反思。生态安全危机的后果表明,生命健康已经显化为制约政治生态文明建设的普遍过程形式与价值需求指向。生态伦理视角的嵌入为阐释人民生命安全的伦理价值赋予了重要的启示意义,对保障人民身体健康提供了可持续化的发展道路,并且对促进我国政府公共卫生健康获得根本性的治理成效具有深远的影响。

(一)生命安全健康的理性制衡内蕴

生态伦理指为协调人与自然环境的互动关系而建立起来的行为规范和协调原则,从整体主义的世界观及生态科学的方法论层次上诠释人在适应和改造自然生态环境的实践活动中形成的伦理关系。其主张尊重自然、关爱生命、公正平等、协同共进的伦理要求与现代公共卫生管理的人本观、系统化、公平性、高效率、非伤害等价值指向相趋合。党的十九大报告明确了"坚持人与自然和谐共生"的生态伦理观,认为"必须树立和践行绿水青山就是金山银山"的生态伦理价值理念,并强调要"像对待生命一样对待生态环境"等一系列道德观念,都与生态伦理中保护环境、尊重自然、生态公正、爱护生命等规范内容和道德标准相匹同。因而,强调道德约束的生态伦理精神与价值规约在政府的公共卫生治理层面,对提升治理主体的生态道德品质和健康卫生服务能力具有更为普适性的社会促动作用及自觉性的伦理渗透作用,同时为实现"美丽中国"的生态文明建设目标,提供了公共卫生治理的战略保障。

生态理性作为生态伦理的精神内核,旨在引导现代公共管理秉持尊重自然规律的客观性、系统性、价值性及和谐性原则[1],要求公共卫生治理战略应当突出尊重自然的客观规律和价值规律两个方面。一方面,尊重自然客观规律即要求人对

---

[1] 张云飞.生态理性:生态文明建设的路径选择[J].中国特色社会主义研究,2015(1):88-92.

自然的改造符合适当的限度,注重治理手段的合规律性,促使公共卫生治理形成合规律性与合目的性的有机统一;另一方面,尊重自然价值规律则应当凸显自然系统的生态服务价值,显示出自然在满足人的安身立命之请并维持其健康发展的同时,受到人类尊重和关爱的一种复合性系统价值,使人与自然在公共卫生环境系统的整体审视中达成共生共存的和谐关系。生态伦理的现代公共卫生领域应当主张依据生态理性的逻辑思维,深化自然和社会的发展规律,强调自然规律的遵循和人类本性的归复,对照公共治理中人本观、系统化、公平性、高效率、可持续的价值指向,镜鉴生态伦理的精神信念和价值理念,在治理实施中平衡工具层面和价值层面之间的关系,引导公共卫生治理的向善发展。有鉴于此,生态理性在观照人与自然的伦理关系中,本身即内蕴着一种维护健康环境秩序的价值性旨向,有益于公共卫生治理过程中对利益至上的经济理性表露出的猖獗欲望进行约束,为追求人民安全和公共福利激发多极治理主体的能动性和协调性,保护全体公民免受生态破坏和环境污染的危害,继而在公共卫生健康行为的激励机制中凸显出一种追求理性、公正、至善的公共精神。

(二)中国人民生命安全健康的生态行政价值观建构

中国人民生命安全健康领域的价值理念及政治决策,应当符合生态文化内涵和伦理规范要求,在追求人民生命安全至上的整体利益中构建一种能够达成约束和激励相统一的行政生态价值共识,通过发挥导向作用使政府承担起对维护公民健康利益的伦理责任,并借助于社会的协力合作维护公共秩序的安定和谐,促进健康环境公共利益的平等共享。基于生态伦理价值理念建立的行政价值观,在公共卫生治理的观念变革中体现出维护稳定、和谐、公平、共享的公共价值旨向。

1. 维护生命安全秩序的伦理责任

政府必须践履为人民创造良好的生活环境以及保持和谐稳定的生态秩序所应有的伦理职责。生态伦理视境中的生命安全秩序,不仅止于对人民生命服务体系中社会秩序的维护,还包括人与自然之间的生态秩序的保持。因而,政府既要着眼于人民生命安全的整体利益,自觉承担社会秩序的建构使命,加强政府对医疗体系改革的积极干预,促进药品及医疗器械、设备的生产流通市场在社会关系中保持秩序井然,谋求全体公民在公共健康卫生领域的安全和健康福利;同时,政府又要顾及人类发展的长远利益,主动担负生态秩序的优化责任,推进人与自然之间协调发展,保护人们免受来自生态环境破坏的危害,注重生态系统的保护与恢复,维护由人与自然构成的生命共同体的美好环境与稳定秩序,从而满足社会整体的长远发展。

　　政府基于生命安全保障的行政价值观至少应体现在如下几个方面:第一,提高维护生态系统的安全意识。以保护公众安全为首要任务,政府必须突出维护人民生命安全秩序的公共责任,关照社会公共生活的整体和长远的安全利益,保证政府保障安全服务的全面获得和质量输出。第二,将"尊重自然、顺应自然、保护自然"的生态伦理理念作为自然生命的价值基础。"人越是敬畏自然的生命,也就越敬畏精神的生命。"①政府只有引导企业组织和社会公民形成保护环境、防止污染的道德精神追求和社会普遍共识,才能保持自然的生态秩序和谐。第三,必须坚持"敬畏生命"的人道主义原则。鼓励并引导公民多行尊重生命、关爱生命的生态善举,尤其在应对突发性生态安全事件时,应极力避免伤害自身及他人而扰乱生态安全秩序,严格监控和限制受病毒感染群体或物资的流动,防范对异常情形的疏忽过失心理,加强社会公民个人安全调适能力的建设。

2. 保障环境健康和谐的公民权利

　　我国改革开放以前主要以单一化的集体主义价值观为本位,来指导计划经济时代社会基本结构的运转。随着经济体制和社会结构的深化改革,政府对市场释放出更多的自由发挥的空间和机会,也赋予了社会成员自由追求个人利益的合法性资质。罗尔斯的公正原则阐释道:"每个人对与其他人所拥有的最广泛的基本自由体系相容的类似自由体系都应有一种平等的权利。"②在美国哲学家亨利·舒尔(Henry Shue)看来,健康权利是关涉公民安全和生存不可或缺的基本权利,在个体主体对自身利益的价值诉求中,阿马蒂亚森也通过其能力理论甄选出健康、参政等关键要素选项,以此作为人们获得机会或自由的指标。因而,尊重和自觉维护公民享有生命安全及健康生存的基本权利,就成为政府改革公共健康制度以及改善自然、社会环境条件的责无旁贷的公共伦理责任。

　　基于生态共同体中环境和谐的互惠关系,不但生成于自然环境与社会环境的协同共进过程,而且涌现出个人健康与社会健康的互依共生影响。首先,坚持"人与自然和谐共生"的发展理念,重构卫生健康价值观,必须树立自然环境和社会环境协同共治的双标尺度。就公共卫生战略而言,必须推动公共健康走可持续发展之路,积极防治环境污染,对影响公共环境和公民身体健康问题需要采用源头治理

---

① 阿尔贝特·施韦泽.敬畏生命——五十年来的基本论述[M].陈泽环,译.上海:上海社会科学院出版社,2003:132.
② 约翰·罗尔斯.正义论[M].何怀宏,等译.北京:中国社会科学文献出版社,2009:53.

的手段,避免公共卫生领域沦为补救公共健康利益的最后一道防线。就健康服务变革而言,应当建立人化环境与自然环境协同发展的双重健康评价标准,协力提高服务型政府的健康服务质量。其次,在卫生健康领域,个人健康与公共卫生之间互惠互利、休戚相关,正如利奥波德把生命共同体的和谐、稳定和美丽作为伦理标准,其大地伦理思想将人类变成大地共同体中的平等的公民,"它暗含着对每个成员的尊敬,也包括对这个共同体本身的尊敬"①。与此相仿,公民不能仅满足于享获健康的权利,更要有保持和促进个人及社会健康的义务。健康行为方式的选择,应当倡导一种简约安全、适度消费的生活模式,从而实现兼顾自身、他者及社会公共生活环境的安全和健康。

3. 促进医疗资源共享的社会正义

生态伦理注重社会整体与公民个人关于生命健康的基本诉求,以安全、优美、和谐的环境为政府治理的价值目标,表达出生态伦理价值体系中尊重自然生命、环境平等共享、保护公民健康等一系列追求生态正义的伦理指向,这与我国政府公共卫生治理理念中促进医疗卫生资源公平分配的道德价值相契合。从分配正义的维度将健康资源的共享伦理嵌入制度设计,内蕴着一种生态伦理的平等共享价值观,"这种价值观通过具体的制度安排得以呈现。在此意义上,共享与制度之间取得了价值层面的内在逻辑关联。在共享制度设计的具体方面内在地渗透着共享理念的价值特质,使其拥有了共享的灵魂与内在规定性,并自洽地融入共享的制度安排中"②,通过医疗科研数据和健康卫生资源的开放共享性制度平台增加了公共卫生的合作共享式治理机遇。

从医疗资源和公共政策的共享维度,寻求医疗保健和公共卫生的社会正义,必须具有制度的合公平性伦理价值。一方面,共享的公正性需要体现医疗资源和卫生环境的公平分配。避免带有民族、性别、身份、宗教等偏见的差别对待,保护子孙后代同样获得健康生活环境的平等机会,在城乡、地域和贫富差距悬殊的条件下保证医疗资源的相对公平分配,体现出医疗领域资源共享的公共性。另一方面,我国公共卫生政策的共享在促进健康获得的机会选择上更应凸显社会公正的道德精神追求。在公共卫生政策的制定上,"社会正义要求政府采取措施减轻由社会经济不平等及其他偶然因素造成的不平等对个人健康所造成的影响"③,致力于健康教育

---

① 奥尔多·利奥波德.沙乡年鉴[M].侯文蕙,译.长春:吉林人民出版社,1997:210.
② 潘乾.共享理念的制度伦理考察[J].伦理学研究,2018(4):114—120.
③ 史军.伦理学与公共管理[M].北京:气象出版社,2012:119.

的国民普及、公共卫生的共同政治参与、职业健康的环境保障、医疗卫生福利的平等获享,力求公共卫生治理在正义社会制度的平等共享中取得成效。

(三) 中国政府保障人民生命安全和身体健康的实现路径

生态伦理视域下保障人民健康安全的政府治理,需要秉持维护社会公正、强化卫生法治、保护生命健康的原则,将伦理价值融入政治制度以平衡多元主体的利益,主动承担起政府的主导职能,追求实现公共健康福利的社会组织合作共治。探寻治理能力提升的实现路径,通过生命安全的体制建设、健康服务市场的宏观调控、卫生法治管控的规范保障、法治与德治的协同发力,提升安全风险的专业化管理水平,并期望达成构建人类命运共同体的生态伦理共识以维护全球化的生命安全秩序,确保我国公共卫生治理更加符合善政的伦理性要求。

1. 协同治理保障生命安全的体制建设

由于公共安全面向整体人群而具有全面覆盖的普遍性特征,这便要求生态治理制度要以复式的安全利益为导向,保障对社会系统提供整体协同的公共安全服务,在以主权国家为主体的传统公共结构中必须首先反映人民的共同意志,而不能使代表着特殊利益的个别意志占据对公权力自由操控的优先主导地位。多元利益分化的现实社会格局中,生态伦理从伦理道德的角度而非刚性制度的角度探究多元利益群体之间引导、监督和制约机制的建立,这适宜我国政府在融合性思维方式下采取非强制的协商解决方式,逐步开放非政府组织的积极作用空间以进行公共安全事业管理的体制创新。政府基于公共权力的制度结构变革必然要形成行政官员与人民群众的意志融合与统一,调整政府主体保证人民生命安全的权威与国家行使安全管理的公共权力之间的平衡关系,寻求公共权力在生态治理进程中的非均衡性,约束和控制公共权力在生态治理领域的无限膨胀和极度扩张,满足社会协同治理的时代发展需求,构成广面而互补的生态治理合力。生态伦理的道德激励和规范引导人们的安全行为向可期性秩序方向发展,限制公共权力的挤占和滥用对生存权利的任意侵害,推动建构多元主体整体协同生态治理的规范体系。

2. 政府调控确保健康服务市场的公平高效

医疗改革的过度市场化导向,受贫富差距严重分化的发展不平衡影响,加剧了地区之间、城乡之间、社群之间医疗资源分配的不合理程度,剥夺了弱势群体医疗救治的权利而使其陷入"看病难""看病贵"的困境。无论"公"域还是"私"域,政府都必须主动承担起保障公民健康权的职责,秉持公平公正的分配原则对公共卫生资源进行分配,发挥对健康服务市场机制的积极干预作用,使有限的公共健康资源配置适当合理地向社会弱势群体倾斜,避免市场机制中医疗资源的过度私有化而使困难人群失去医疗救助的平等机会。对健康资源配置的利用和管理,不但要注重政府组织内部效率的获取,更要追求关涉社会关系的外部效率,在医疗健康服务市场的平衡过程中融入更多的伦理价值关照,为民主协商与问责机制的有机结合提供加强互动的平台,不断强化安全健康的社群意识以培养公民的民主责任,保证政府主体监管下运行的健康服务市场激发出充足的活力。政府公共卫生政策的制定应当依据生态理性逻辑,满足人的尊严获得尊重,力求使每一个美好生活的追求者都能够公平地获得健康和发展的机会,唯此才能缩小健康服务水平的贫富差距以增进社会全员健康福祉的公共利益。

3. 依法执政落实卫生法治的规范保障

坚持依法推进公共卫生治理,不仅要注重法治的强制性在维护卫生公益事业中对规范社会健康行为和调节卫生服务秩序所发挥的保障作用,还要意识到法治"是一种关注法律应当是什么的规则,即一种'元法律规则'或一种政治理想"①,使公共卫生治理在民主自治的伦理要求中实现公民健康自由的目标。依据我国特色社会主义法治体系进行公共卫生治理,应当体现出法律作为刚性的行为评价准绳所具有的强制性、确定性特征,必须确保所有涉含法律规范体系、法治实施体系、法治监督体系以及法治保障体系中,社会的每位成员都平等地享有个体健康的自由权利。相对于社会整体而言,它要求公民行为自觉履行个人健康义务,不能够对他人的健康、社会的安全造成威胁或损害,体现出法治形式的普遍性。公共卫生的依法治理、依法行政,为保障国家卫生安全、维护社会秩序稳定、促进健康资源分配公正等公共健康权益的现实关照,提供了法治规范的强制性保障。同时,在公共利益的价值导向下,发挥法律程序稳定性和实施可行性的优势,推动健康服务信息的公开透明、医疗卫生服务体系的建设完善、疾病防控机构的监管加强、医疗健康行为的实施规范,从而促使卫生治理的平等自由精神获得最佳显现。

4. 德治并举加促道德作用机制协同发力

"把法治中国建设好,必须坚持依法治国和以德治国相结合,使法治和德治在国家治理中相互补充、相互促进、相得益彰。"②建立人民安全健康保障的长效机制需要引入德性治理维度中作为自我规范根基的道德因素,促进生态伦理对政府和

---

① 弗里德里希·奥古斯特·冯·哈耶克.自由秩序原理[M].邓正来,译.上海:生活·读书·新知三联书店,1997:261.
② 人民网.习近平:坚持依法治国和以德治国相结合 推进国家治理体系和治理能力现代化.[EB/OL].(2016-12-11)[2019-09-12].http://cpc.people.com.cn/n1/2016/1211/c64094-28940092.html.

公民健康行为规范以及良好道德品格的培养,推动生态文明建设从消极的生态治理行为向积极的健康持续发展自主转化。"伦理性凸显的是国家治理的道德的合理性,治理的模式和手段是与法治互为补充的公共伦理与公共责任,关注的是社会公平。"①例如,政府的卫生安全的治理实施应加促道德协同发力,其一要强调公共卫生制度的合道德性、合伦理性,制度安排必须以为人民的健康服务为核心目的,制度运行必须坚持以人民健康利益为根本原则。其二要注重权力运用的德性,在发挥权力的工具性以保证安全秩序和医疗效率的过程中,更要融入公共性、责任性的生态伦理维度以彰显人民生存权利的价值性,把人民群众的安全和健康置于优先地位。其三要提升治理主体的德性,对于由权威政府部门和公民社会组织所构成的多元治理主体,培养行政人员和普通公民形成遵从公共卫生安全道德规范的高尚品质和行为习惯。

5. 防控结合强化专业化安全风险处置能力

面对疫情防控的常态化社会治理,应对重大公共安全风险处置能力的关键,在于提高公共安全和健康的专业化管理与服务水平,坚持"预防为主、防控结合"的原则,健全城乡社区公共安全机构职能,推进基层公共安全委员会建设进程,加强街道、社区等卫生安全组织的职能人员配备,完善疫情防控的日常网络监测,筑牢基层公共卫生安全的防线。统筹建立区域性应急物资生产供应体系和储备体系,加大医药物资的投入力度,科学调整物资储备的品类、规模、结构,提升突发公共卫生安全事件中医疗物资的应急调配能力。深入推广爱国卫生运动,倡导绿色健康的文明生活方式,全面开展城乡环境、集贸市场、居民社区的环境清洁行动,督促各类单位和场所实现卫生管理制度化,把生态健康理念贯穿于改善城乡人居环境的管理全过程。构建生态安全及野生动物健康管理的协调机制与保障机制,加大专业机构对抗病毒药物及疫苗的科学研发力度,在安全有效、科学合规的保障前提下,适时启动企业规模性生产疫苗产能计划。推动生态伦理在促进野生动物保护立法、监督执法,限制并规范野生动物资源利用,严格禁止非法野生动物交易,加强野生动物保护的宣传教育,革除滥食野生动物的饮食文化陋习。

6. 共同参与维护全球共治的生命安全秩序

满足人民群众对美好生活的向往必须保障为人类提供栖息场所的地球家园拥有一个安全而洁净的生活环境,这就需要普遍提高全体社会公民的健康安全意识,

---

① 何颖,李思然. 国家治理的伦理探寻[J]. 中国行政管理,2017(11):50-54.

在达成共同利益共识的前提下形成彼此尊重、自愿平等、共同参与、互利共赢的卫生治理局面,使各个个体、群体、国家在利益分化过程中围绕共同价值为公共卫生治理体系的建立和健全贡献力量。病毒作为全球人类的公敌,严重扰乱和破坏了社会安全秩序,因而,致力于推动建设健康卫生的全球公共环境,体现了生态正义理念下的国际追求目标。"病毒没有国界,疫情不分种族。在应对这场全球公共卫生危机的过程中,构建人类命运共同体的迫切性和重要性更加凸显。唯有团结协作、携手应对,国际社会才能战胜疫情,维护人类共同家园。"[1]我国要扩大疫情防控阻击战中取得的阶段性胜利果实,还要通过推动全球生态治理体系变革进一步体现制度优势,主动提升保证生命安全的制度性话语权,以增强生态发展的主导力,倡导打破基于传统主权国家的狭隘个体主义的人类中心主义观念,跳出零和游戏规则的藩篱,建立更为开放包容的全球合作治理体系,引领生态化、绿色化的生产生活方式以推动人类社会整体的可持续发展,从而在大国担当的国际社会期待之回应中,实现全球疫情防控成果的共同分享。

综上论述,生态伦理视域下推进并完善中国特色社会主义公共卫生事业,须依托科学发展观和新时代发展理念,在保障人民健康利益的目标基础上,选择科学的生态伦理价值理念和规范原则对行政价值观进行重构,赋予卫生治理以秩序和谐、协调互惠、平等共享的价值取向。将提供公正的卫生健康服务作为实现公共卫生治理的首要保证,通过社会政治结构的制度伦理创新,有益于平衡多元主体之间的利益从而达到合作共治。法治与伦理相结合的治理方式,不仅符合公共卫生服务体制构建的高质量发展要求,也更适合国家卫生治理的合伦理性善治需求,对推动我国健康卫生治理体系和治理能力现代化发展进程大有裨益,必将在回应社会公众的期望中实现其对健康美好生活的向往。

本 章 小 结

现代化发展使人的物质需求获得满足,推动了社会经济的迅速增长。然而,伴随着经济的发展,我国也面临着资源能源短缺、环境污染严重和生态系统退化等顽疾的挑战。西方工业文明滞留的人类中心主义伦理观念严重阻碍了生态伦理的发展,造成了人与自然之间难以调和的矛盾。党的十九大报告明确指出,中国特色社会主义进入新时代,我国社会主要矛盾已经转化为人们日益增长的美好生活需要

---

[1] 习近平.团结合作是国际社会战胜疫情最有力武器[J].求知,2020(8):4-12.

和不平衡不充分的发展之间的矛盾。基于人类命运共同体的生态时代背景阐释生态伦理价值，必须摆脱西方现代思维的二元对立模式，以建立共同体的整体思维确立生态自然观和生态道德观，坚持互利共赢原则重构伦理秩序，寻求共同价值以促进生态文明的共建共享。从"五位一体"总体布局审视国家治理，生态伦理贯穿于经济建设、政治建设、文化建设、社会建设和生态文明建设，并为其明确伦理原则和规范，使生态伦理在现代管理发展的实践校验中，以伦理性引导生态治理向善至善，期求美丽中国建设目标的实现。现代管理的生态伦理决策模式，依据生态理性逻辑，将人与自然和谐共生作为评价标准，注重多元利益的协调平衡以及社会发展的公正平等，为生态时代的现代管理决策提供思维变革和行为实践的生态价值导向。守护人的生命安全健康也需要建构生态行政价值观，在法治保障作用下发挥政府的引导、协调作用，保障我国人民群众生命安全和身体健康以实现可持续发展。

第七章 结 语

  千百年来,人们始终围绕着人与自然的关系冥思苦寻相处之道,生态伦理恰好为人们提供了寻求和重建精神家园的依据。纵观西方管理思想发展历程,随着不同管理阶段的生态价值理念的嬗变,其思维方式、价值取向、行为方式等方面缺失了生态伦理的合理性表达,进而为现代管理的生态伦理价值重构铺垫了历史依据。面对全球化浪潮的升级和转型,生态伦理超越了时空和国界的限阈,引航着世界范围内的政治经济秩序重构,从现代管理乃至管理哲学层面探求生态伦理的发展进路,必须在对现代工业化进程中的人类中心主义传统价值观进行反思和批判的基础上,方能建构一种蕴含着生态伦理精神的现代管理哲学模式,走出现代社会发展的困境,促进人的生态化自我实现,进一步通过必要的管理形式与手段,在人与自然和谐共生的价值取向上探索具有中国特色的社会主义发展道路。基于上述逻辑路径,本书得出生态伦理的现代社会治理功用如下:

  第一,生态伦理是转变和改进人类社会生存状态的催化剂。人与自然和谐共生的生态伦理,一方面,要从引导和限约人的行为的道德规范出发,提高人的生态环境意识,使人认识到自己只是自然的成员,面对人类赖以生存的地球家园,必须要懂得尊重和爱护自然;另一方面,要以调整并均衡人类的文明发展为落点,在由"人—社会—自然"共同构成的人类命运共同体中,树立一种系统整体观,为人际道德的既有生存法则嵌入生态维度的伦理关怀,从整体视野统筹山水林田湖草的系统治理,确保人们在用途管制和生态修复方面遵循自然规律。这两个方面相互促进,在生态理性的限制下强调人的主体能动性,在体现出现代管理的生态伦理化本质属性中坚定人应守护自然的职责,并以生态伦理为纽带将自然的工具价值和生态价值联结起来,在推进人的健康可持续生存中实现人自身的全面发展。

  第二,生态伦理是协调和平衡多级主体公正平等的稳定剂。管理作为人类文明发展的必要实践途径,在涉及人、自然、社会之中的各个主体之间广泛建立起具有生态伦理内涵的普遍联系,并赋予多级主体以公正、平等、自由、和谐等价值观念的伦理观照,通过运用协调和控制等管理职能,遵循生态的协调平衡和人的健康可持续发展双线原则,满足人类社会多元主体的合理化需求,促进人本化的生态伦理价值得以实现。追溯现代管理问题的根源,生态伦理由于寻求伦理道德的生存方式而蕴含着包括对整个自然和全部人类的普遍关怀,而愈发显现出一种深层的伦理特质,为道德关怀的伦理支撑提供更富想象力的理论变革视域和超越性的实践精神指向,在完成了的人道主义和自然主义的本质统一中,实现人、自然、社会的和谐发展。

第三,生态伦理是建立和贯穿和谐社会伦理治理的融合剂。自党的十六届四中全会明确提出构建社会主义和谐社会的战略任务以来,我国政府就不懈追求一种和睦、融洽并促使社会各阶层齐心协力的社会状态,以此加强党的提升执政能力建设。和谐社会的生态伦理维度追求目标是生产发展、生活富裕、生态良好的生态文明社会,将生态问题的解决深入到伦理治理层面,打破了人类将自然的工具性价值视为单一性管理目的的运思模式,推动了人与自然和谐共生关系的自然公正价值构建,将生态伦理喻义的时代精神转换为生态文明社会的治理范式,把生态建设融入和谐社会发展的全过程,有助于维护人与人之间的和谐公正关系的社会发展。因此,生态伦理不但在构建社会主义和谐社会的生态正义向度上能够推进社会伦理治理能力现代化,而且从代际伦理与代内伦理双重维度蕴含着实现人类社会公平发展的期望。

总而言之,面对全球化的生态危机,现代管理需要改变传统中以经济效率为单向的发展取向,将生态伦理的公正、自由、和谐、可持续性等作为现代管理的原则,追求整体的、协调的、人本的伦理化发展目标,从而实现人类社会的整体发展、长远发展。在开启生态文明时代的征程中,生态伦理蕴含着一种自我实现的超越精神,它在伦理文化层面的意境是促进早日实现的潜在动力,在经济、社会、政治、生态等领域的融贯是引导建设美丽中国的治国理念,在改善环境质量等方面是回应广大人民群众诉求的现实解读,才能够形成公平与效率兼顾、生态与社会协同发展、人与自然和谐共存的局面。

参考文献

一、外文译著

[1] 中共中央马克思恩格斯列宁斯大林著作编译局. 马克思恩格斯选集:第一卷[M]. 北京:人民出版社,1995.

[2] 中共中央马克思恩格斯列宁斯大林著作编译局. 马克思恩格斯选集:第二卷[M]. 北京:人民出版社,1995.

[3] 中共中央马克思恩格斯列宁斯大林著作编译局. 马克思恩格斯全集:第四十二卷[M]. 北京:人民出版社,1979.

[4] 中共中央马克思恩格斯列宁斯大林著作编译局. 马克思恩格斯全集:第四十六卷上[M]. 北京:人民出版社,1979.

[5] 中共中央马克思恩格斯列宁斯大林著作编译局. 马克思恩格斯文集:第一卷[M]. 北京:人民出版社,2009.

[6] 马克思. 1844年经济学哲学手稿[M]. 北京:人民出版社,2014.

[7] 哈格洛夫. 环境伦理学基础[M]. 杨通进,等译. 重庆:重庆出版社,2007.

[8] 米都斯,等. 增长的极限[M]. 长春:吉林人民出版社,1997.

[9] 乔治. 经济伦理学[M]. 5版. 北京:北京大学出版社,2002.

[10] 施泰因曼,勒尔. 企业伦理学基础[M]. 李兆雄,译. 上海:上海社会科学院出版社,2001.

[11] 纳什. 大自然的权利[M]. 杨通进,译. 青岛:青岛出版社,1999.

[12] 施韦泽. 敬畏生命[M]. 陈泽环,译. 上海:上海社会科学院出版社,1996.

[13] 罗尔斯顿. 环境伦理学:大自然的价值以及人对大自然的义务[M]. 杨通进,译. 北京:中国社会科学出版社,2000.

[14] 贝塔朗菲. 一般系统论:基础、发展和应用[M]. 林康义,译. 北京:清华大学出版社,1987.

[15] 西蒙. 现代决策理论的基石[M]. 杨砾,徐立,译. 北京:北京经济学院出版

社,1989.

[16] 雷根.动物权利研究[M].李曦,译.北京:北京大学出版社,2010.

[17] 贾丁斯.环境伦理学[M].林官明,杨爱民,译.北京:北京大学出版社,2002.

[18] 世界环境与发展委员会.我们共同的未来[M].王之佳,等译.长春:吉林人民出版社,1997.

[19] 柏拉图.理想国[M].郭斌和,张竹明,译.北京:商务印书馆,1986.

[20] 亚里士多德.政治学[M].吴寿彭,译.北京:商务印书馆,1965.

[21] 亚里士多德.尼各马可伦理学[M].廖申白,译.北京:商务印书馆,2003.

[22] 萨克塞.生态哲学[M].文韬,佩云,译.北京:东方出版社,1991.

[23] 世界银行.1992年世界发展报告:发展与环境[M].北京:中国财经经济出版社,1992.

[24] 高永健一.社会结构与社会变迁——现代化理论[M].董兴华,译.昆明:云南人民出版社,1988.

[25] 斯密.道德情操论[M].蒋自强,等译.北京:商务印书馆,2015.

[26] 泰勒.科学管理原理[M].马风才,译.北京:机械工业出版社,2007.

[27] 雷恩.西方管理思想史[M].孙健敏,等译.北京:中国人民大学出版社,2013.

[28] 占部都美.现代管理理论[M].蒋道鼎,译.北京:新华出版社,1984.

[29] 纽厄尔.健康的组织[M].王剑锋,等译.北京:清华大学出版社,2002.

[30] 韦伯.经济与社会[M].林荣远,译.北京:商务印书馆,1998.

[31] 梅奥.工业文明的社会问题[M].费孝通,译.北京:商务印书馆,1964.

[32] 沙因.沙因组织心理学[M].马红宇,等译.北京:中国人民大学出版社,2009.

[33] 坎农.管理学概论[M].张宁,等译.北京:中国社会科学出版社,1989.

[34] 卡斯特,罗森茨韦克.组织与管理:系统方法与权变方法[M].李柱流,等译.北京:中国社会科学出版社,1985.

[35] 布鲁金.第三资源:智力资本及其管理[M].赵洁平,译.大连:东北财经大学出版社,1998.

[36] 沙因.组织文化与领导力[M].马红宇,王斌,等译.北京:中国人民大学出版社,2011.

[37] 马尔库塞.单向度的人:发达工业社会意识形态研究[M].刘继,译.上海:上海译文出版社,2006.

[38] 卢梭.社会契约论[M].何兆武,译.北京:商务印书馆,2010.

[39] 黑格尔.法哲学原理[M].范扬,张企泰,译.北京:商务印书馆,1982.

[40] 萨拜因. 政治学说史(上册)[M]. 北京:商务印书馆,1990.
[41] 孟德斯鸠. 论法的精神[M]. 张雁深,译. 北京:商务印书馆:1982.
[42] 密尔. 论自由[M]. 许宝骙,译. 北京:商务印书馆,1959.
[43] 森,科利克斯伯格. 以人为本:全球化世界的发展伦理学[M]. 马春文,李俊江,等译. 长春:长春出版社,2012.
[44] 森. 以自由看待发展[M]. 任赜,于真,译. 北京:中国人民大学出版社,2013.
[45] 雷恩. 管理思想的演变[M]. 李柱流,等译. 北京:中国社会科学出版社,1997.
[46] 布伯. 我与你[M]. 陈维纲,译. 北京:生活·读书·新知三联书店,1986.
[47] 哈耶克. 自由秩序原理[M]. 邓正来,译. 上海:生活·读书·新知三联书店,1997.
[48] 岩佐茂. 环境的思想与伦理[M]. 冯雷,等译. 中央编译局出版社,2011.
[49] 汤因比,池田大作. 展望二十一世纪:汤因比与池田大作对话录[M]. 荀春生,等译. 北京:国际文化出版公司,1985.
[50] 哈肯. 信息与自组织[M]. 成都:四川教育出版社,2010.
[51] 西蒙. 管理行为——管理组织决策过程的研究[M]. 杨砾,等译. 北京:北京经济学院出版社,1988.
[52] 哈贝马斯. 公共领域的结构转型[M]. 曹卫东,等译. 上海:学林出版社,1999.
[53] 施韦泽. 敬畏生命——五十年来的基本论述[M]. 陈泽环,译,上海:上海社会科学院出版社,2003.
[54] 罗尔斯. 正义论[M]. 何怀宏,等译. 北京:中国社会科学文献出版社,2009.
[55] 利奥波德. 沙乡年鉴[M]. 侯文蕙,译. 长春:吉林人民出版社,1997.

二、中文著作

[1] 叶海涛. 绿之魅:作为政治哲学的生态学[M]. 北京:社会科学文献出版社,2014.
[2] 郇庆治. 重建现代文明的根基:生态社会主义研究[M]. 北京:北京大学出版社,2010.
[3] 张敏. 生态伦理学整体主义方法论研究[M]. 长春:吉林人民出版社,2013.
[4] 王妍. 环境伦理生成论的内在逻辑[M]. 北京:北京大学出版社,2012.
[5] 张治忠. 生态文明视野下的行政价值观研究[M]. 长沙:湖南人民出版社,2015.
[6] 江泽慧. 生态文明时代的主流文化:中国生态文化体系研究总论[M]. 北京:人民出版社,2013.

[7] 曾建平. 环境正义——发展中国家环境伦理问题探究[M]. 济南:山东人民出版社,2007.

[8] 陈敏豪. 生态文化与文明前景[M]. 武汉:武汉出版社,1995.

[9] 黄志斌. 绿色和谐管理理论:生态时代的管理哲学[M]. 北京:中国社会科学出版社,2004.

[10] 樊浩. 伦理精神的价值生态[M]. 北京:中国社会科学出版社,2001.

[11] 李承宗. 和谐生态伦理学[M]. 长沙:湖南大学出版社,2008.

[12] 余谋昌. 环境哲学:生态文明的理论基础[M]. 北京:中国环境科学出版社,2010.

[13] 罗国杰. 伦理学[M]. 北京:人民出版社,1989.

[14] 樊浩,成中英. 伦理研究(道德哲学卷·2006)[M]. 南京:东南大学出版社,2007.

[15] 杨伍栓. 管理哲学新论[M]. 北京:北京大学出版社,2011.

[16] 郭咸纲. 西方管理思想史[M]. 北京:经济管理出版社,2002.

[17] 赵敦华. 西方哲学简史[M]. 北京:北京大学出版社,2012.

[18] 何颖. 行政哲学研究[M]. 北京:学习出版社,2011.

[19] 封新建. 世界管理学名著速读手册[M]. 北京:企业管理出版社,2001年.

[20] 鄢斌. 社会变迁中的环境法[M]. 武汉:华中科技大学出版社,2008年.

[21] 教军章. 公共行政组织论[M]. 哈尔滨:黑龙江人民出版社,2005.

[22] 赵德志. 人性理论与管理模式[M]. 沈阳:辽宁大学出版社,1997年.

[23] 彭新武. 西方管理思想史[M]. 北京:机械工业出版社,2017.

[24] 张立文. 和合学:21世纪文化战略的构想[M]. 北京:中国人民大学出版社,2016.

[25] 周国文. 生态和谐社会伦理范式阐释研究[M]. 北京:中央编译出版社,2019年.

[26] 谢斌. 人本生态观与管理的生态化[M]. 北京:科学出版社,2009.

[27] 刘大椿. 从中心到边缘:科学、哲学、人文之反思[M]. 北京:北京师范大学出版社,2006.

[28] 崔永和. 走向后现代的环境伦理[M]. 北京:人民出版社,2011.

[29] 曹孟勤,徐海红. 生态社会的来临[M]. 南京:南京师范大学出版社,2010.

[30] 冯友兰. 中国哲学简史[M]. 北京:北京大学出版社,1985.

[31] 苗力田. 古希腊哲学[M]. 北京:中国人民大学出版社,1989.

[32] 周辅成. 西方伦理学名著选辑(上卷)[M]. 北京:商务印书馆,1964.
[33] 牛文元. 可持续发展管理学[M]. 北京:科学出版社,2016.
[34] 高小平. 政府生态管理[M]. 北京:中国社会科学出版社,2007.
[35] 贾卫列,杨永岗,朱明双,等. 生态文明建设概论[M]. 北京:中央编译出版社,2013.
[36] 佘正荣. 中国生态伦理传统的诠释与重建[M]. 北京:人民出版社,2002.
[37] 罗国杰. 伦理学[M]. 北京:人民出版社,1989.
[38] 王树义. 俄罗斯生态法[M]. 武汉:武汉大学出版社,2001.
[39] 王玲玲,冯皓. 发展伦理探究[M]. 北京:人民出版社,2010.
[40] 王树义主编. 生态安全及其立法问题专题研究[M]. 北京:科学出版社,2007.
[41] 林娅. 环境哲学概论[M]. 北京:中国政法大学出版社,2000.
[42] 傅治平. 天人合一的生命张力:生态文明与人的发展[M]. 北京:国家行政学院出版社,2016.
[43] 何怀宏. 生态伦理——精神资源与哲学基础[M]. 保定:河北大学出版社,2002.
[44] 陈红兵,唐长华. 生态文化与范式转型[M]. 北京:人民出版社,2013.
[45] 曹孟勤. 人向自然的生成[M]. 上海:上海三联书店,2012.
[46] 李培超. 自然与人文的和解:生态伦理学的新视野[M]. 长沙:湖南人民出版社,2001.
[47] 乌杰. 系统哲学[M]. 北京:人民出版社,2008.
[48] 彭忠益. 领导科学基础[M]. 长沙:中南大学出版社,2012.
[49] 习近平. 习近平谈治国理政[M]. 北京:外文出版社,2014.
[50] 中共中央宣传部. 习近平系列重要讲话读本[M]. 北京:学习出版社,人民出版社,2014.
[51] 刘峰. 新领导力[M]. 北京:国家行政学院出版社,2014.
[52] 廖小平,孙欢. 国家治理与生态伦理[M]. 长沙:湖南大学出版社,2018.
[53] 徐凌. 理性生态人:经济学、生态学视角下中国行政价值观重构研究[M]. 北京:北京理工大学出版社,2010.
[54] 史军. 伦理学与公共管理[M]. 北京:气象出版社,2012.
[55] 王妍. 环境伦理生成论的内在逻辑[M]. 北京:北京大学出版社,2012.
[56] 卢风,曹孟勤. 生态哲学:新时代的时代精神[M]. 北京:中国社会科学出版社,2017.

[57] 郇庆治. 绿色变革视角下的当代生态文化理论研究[M]. 北京:北京大学出版社,2019.

三、外文参考文献

[1] ZIMMERMAN M. Environmental philosophy [M]. Englewood Cliffs: Prentice Hall,1993.

[2] NORTON B G. Environmental ethics and weak anthropocentrism [J]. Environmental Ethics,1984,6(2):131-148.

[3] NAESS A. The deep ecological movement: some philosophical aspects [J]. Springer, Dordrecht, 1986,8(1/2):10-31.

[4] O'CONNOR J. Natural causes [M]. London:The Guildford Press, 1997:124.

[5] BURKETT P. Marx and nature: A red and green perspective [M]. New York: St. Martin's Press, 1999:14.

[6] WEBER M. The theory of social and economic organization, trans [M]// HENDERSON A M, PARSONS T, et al. Talcott Parsons. New York: Oxford University Press, 1947:337.

[7] HART D K. The Virtuous citizen, the honorable bureaucrat, and "public" administration[J]. Public Administration Review, 1984(44):116.

[8] SCHEIN E H. The corporate culture survival guide: Sense and nonsense about culture change[M]. San Francisco: Jossey-Bass Publishers, 1999:16.

[9] JOSEPH D. Environmental ethics: an introduction to environmental philosophy [M]. Cambridge:Wadsworth Publishing, 2001:236.

[10] HOPWOOD B, MeELLOR M, BRIEN G O. Sustainable development: Mapping different approaches[J]. Sustainable Development, 2005,13 (1):38-52.

[11] RIORDAN T O. The new environmentalism and sustainable development[J]. Science of the Total Environment, 1991,108(1-2):5-15.

[12] LELE S. Sustainable development: A critical review[J]. World Development, 1991,19(6):607-621.

[13] WORSTER D. The wealth of nature: environmental history and the ecological imagination [M]. New York: Oxford University Press, 1993:27.

[14] GORZ A. Capitalism, socialism, ecology[M]. London: Verso, 1994:33.

[15] MOL A P J, DAVID SONNENFELD A, SPAARGAREN G. The ecological mode-

rnisation reader: Environmental reform in theory and practice [M]. London: Routledge, 2009:19.

四、主要论文

[1] 汪信砚. 现代人类中心主义:可持续发展的环境伦理学基础[J]. 天津社会科学,1998(3):53-58.

[2] 刘福森. 自然中心主义生态伦理观的理论困境[J]. 中国社会科学报,1997(3):45-53.

[3] 曹孟勤. 自然界:人类反观自我之镜——对自然界价值的再解读[J]. 江海学刊,2006(4):8-12.

[4] 肖爱平,刘钊. 论生态伦理的基本准则及建构路径[J]. 中南林业科技大学学报(社会科学版),2017(6):39-42.

[5] 薛勇民,曹满玉. 论绿色发展理念蕴含的生态实践智慧[J]. 马克思主义研究,2018(03):116-123.

[6] 卢风. 论生态文化与生态价值观[J]. 清华大学学报(哲学社会科学版),2008(1):89-98.

[7] 栾贻信,洪斌. 生态哲学的双重视角及五个层面[J]. 东岳论丛,2006(2):166-170.

[8] 徐海红. 历史唯物主义视野下的生态正义[J]. 伦理学研究,2014(5):22-27.

[9] 余谋昌. 公平与补偿:环境政治与环境伦理的结合点[J]. 文史哲,2005(6):5-11.

[10] 贾贵生. 人性假设——企业管理理论的哲学基础[J]. 内蒙古大学学报(哲学社会科学版),1998(1):50-57.

[11] 秦宪文. 寻求政府与市场的均衡点[J]. 财经问题研究,1996(1):9-13.

[12] 沈新平,陆建飞,庄衡扬. 可持续发展的思想基石:生态意识及其培养[J]. 扬州大学学报(人文社会科学版),1997(3):69-70.

[13] 丁煌. 寻求公平与效率的协调与统一——评现代西方新公共行政学的价值追求[J]. 中国行政管理,1998(12):83-86.

[14] 刘志伟. 略论经济权利与政治权利的分野[J]. 中国浦东干部学院学报,2015(3):94-101.

[15] 叶平. 关于环境伦理学的一些问题——访霍尔姆斯·罗尔斯顿教授[J]. 哲学动态,1999(9):32-34.

[16] 万俊人.生态伦理学三题[J].求索,2003(4):149-157.

[17] 陈艳玲.论生态消费观的构建及其意义[J].生态经济(学术版),2007(2):444-447.

[18] 卢风.社会伦理与生态伦理[J].河北学刊,2000(5):12-17.

[19] 汪信砚.生态文明建设的价值论审思[J].武汉大学学报(哲学社会科学版),2020(3):42-51.

[20] 黄爱宝,王妍.生态安全问题与政府生态安全责任[J].探索,2009(6):64-69.

[21] 高小平.生态安全与突发生态安全事件应急管理[J].甘肃行政学院学报,2007(1):1-4.

[22] 郇庆治,李云爱.可持续发展观:生态主义向度[J].文史哲,1998(3):113.

[23] 余谋昌.生态文化:21世纪人类新文化[J].新视野,2003(4):64-67.

[24] 王树义.生态安全及其立法问题探讨[J].法学评论,2006(3):123-129.

[25] 蔡守秋.论"人与自然和谐相处"的思想[J].环境导报,1999(1):5-8.

[26] 佘正荣."天人合一":重建人与自然和谐关系的灵感源泉[J].社会观察,2005(6):50-52.

[27] 张曙光."类哲学"与"人类命运共同体"[J].吉林大学社会科学学报,2015(1):125-132.

[28] 刘福森.与时代同行:生态文明呼唤一场哲学革命[J].人文杂志,2010(5):1-6.

[29] 丁工.人类命运共同体的实践路径和中国角色论析[J].当代世界与社会主义,2017(4):181-187.

[30] 李笑春,曹叶军,叶立国.生态系统管理研究综述[J].内蒙古大学学报(哲学社会科学版),2009(4):87-93.

[31] 杨多贵,周志田,陈邵锋.发展尺度的跃进:从财富衡量到能力评价[J].学术论坛,2001(4):53-56.

[32] 黄爱宝.生态善治目标下的生态型政府构建[J].理论探讨,2006(4):10-13.

[33] 张云飞.生态理性:生态文明建设的路径选择[J].中国特色社会主义研究,2015(1):88-92.

[34] 潘乾.共享理念的制度伦理考察[J].伦理学研究,2018(4):114-120.

[35] 何颖,李思然.国家治理的伦理探寻[J].中国行政管理,2017(11):50-54.

[36] 习近平.团结合作是国际社会战胜疫情最有力武器[J].求知,2020(8):4-12.

五、报刊类

[1] 习近平.加快国际旅游岛建设 谱写美丽中国海南篇[N].人民日报,2013-04-11(01).

[2] 廖乐焕.马克思生态思想与美丽中国建设[N].光明日报,2014-07-29(06).

[3] 习近平.关于《中共中央关于全面深化改革若干重大问题的决定》的说明[N].人民日报,2013-11-16(01).

[4] 习近平.接受构建合作共赢新伙伴 同心打造人类命运共同体——在第七十届联合国大会一般性辩论时的讲话[N].人民日报,2015-09-29(01).

[5] 坚持节约资源和保护环境基本国策 努力走向社会主义生态文明新时代[N].人民日报,2013-05-25(01).

六、电子文献类

[1] 习近平:坚持依法治国和以德治国相结合 推进国家治理体系和治理能力现代化.[EB/OL].(2016-12-11)[2019-09-12].http://cpc.people.com.cn/nl/2016/1211/c64094-28940.